MAX HEINDEL

DIE MYSTERIEN
DER GROSSEN OPERN

Max Heindel

MAX HEINDEL

DIE MYSTERIEN
DER GROSSEN OPERN

ROSENKREUZER-GEMEINSCHAFT E.V.
DARMSTADT

Titel der amerikanischen Originalausgabe:
Mysteries of the Great Operas
ISBN 0-911274-88-X

© by The Rosicrucian Fellowship, Oceanside, California, USA

1. Taschenbuch-Auflage
ISBN 3-88956-111-X

Alle Rechte vorbehalten.
Photographische und photomechanische Wiedergabe, auch auszugsweise, nur mit Genehmigung der Rosenkreuzer-Gemeinschaft e. V., Deutsche Zentralstelle, Darmstadt

Gesamtherstellung: Hoppenstedt Druck GmbH, Darmstadt, 1986

Printed in Germany.

INHALT

FAUST
    I. Göttlicher Mißklang 1
    II. Die Sorgen der suchenden Seele I 7
    III. Die Sorgen der suchenden Seele II 13
    IV. Seine Seele dem Teufel verkaufen I 19
    V. Seine Seele dem Teufel verkaufen II 25
    VI. Der Sünde Sold und der Weg des Heils 30

PARSIFAL
    VII. Wagners berühmtes mystisches Musikdrama . . . 37

DER RING DES NIBELUNGEN
    VIII. Die Rheintöchter 55
    IX. Der Ring der Götter 61
    X. Die Walküre 67
    XI. Siegfried, der WAHRHEITS-Sucher 74
    XII. Der Kampf zwischen WAHRHEIT und Irrtum . . 81
    XIII. Wiederverkörperung und Lethetrank 87
    XIV. Götterdämmerung 94

TANNHÄUSER
    XV. Das Pendel von Freud und Leid 102
    XVI. Minnesänger, die Eingeweihten des Mittelalters . . 108
    XVII. Die Sünde, die nicht vergeben werden kann . . . 114
    XVIII. Der grünende Stab 120

LOHENGRIN
    XIX. Der Schwanenritter 126

INDEX 135

FAUST

I

GÖTTLICHER MISSKLANG

Wenn der Name „Faust" genannt wird, denkt die Mehrzahl der Gebildeten sofort an Gounods Oper. Einige bewundern die Musik, aber die Handlung macht auf sie keinen besonderen Eindruck. Wie es dort den Anschein hat, ist es die unglückliche, nur allzu gewöhnliche Geschichte eines Genußmenschen, der ein junges vertrauensseliges Mädchen verführt und sie dann verläßt, während sie für ihre Torheit büßen und für ihre Leichtgläubigkeit leiden muß. Der Einschlag von Magie und Zauberei wird von den meisten als das phantastische Beiwerk eines Dichters angesehen, der sie benutzte, um die unerfreulichen, alltäglichen Verhältnisse interessanter zu gestalten.

Wenn Faust am Schluß der Oper von Mephistopheles in die Hölle geholt und Margarete auf Engelsflügeln zum Himmel getragen wird, scheint ihnen das gerade die rechte Moral, der Geschichte einen sentimentalen Abschluß zu geben.

Eine kleine Minderheit weiß, daß Gounods Oper sich auf das Drama von Goethe gründet, und diejenigen unter ihnen, die beide Teile seiner Darstellung des Faust studiert haben, bekommen eine ganz andere Auffassung von der Handlung als durch die Oper. Nur die Wenigen, die erleuchtete Mystiker sind, erkennen in Goethes Drama die unfehlbare Hand eines hellsehenden Bruder-Initiierten und vergegenwärtigen sich völlig die große kosmische Bedeutung seines Inhalts.

Hierbei ist sehr klar hervorzuheben, daß Faust ein Mythos ist, so alt wie die Menschheit selber. Goethe kleidet ihn in ein geeignetes mystisches Gewand, um die Beziehungen und den Kampf zwischen Freimaurerei und Katholizismus zu versinnbildlichen, die wir in einem früheren Buche von einem anderen Standpunkte aus betrachteten.*) Wir haben des öfteren in unserer Literatur zum Ausdruck gebracht, daß eine Mythe als eine Verschleierung anzusehen ist. Sie ist ein Symbol, das eine große kosmische Wahrheit enthält, eine Auffassung, welche grundlegend von der allgemein geltenden abweicht. Wie wir unseren Kindern Bilderbücher geben, um ihnen durch Anschauung Lehren zu übermitteln, die über ihr intellektuelles Verstehen noch hinausgehen, so gaben die großen Lehrer der kindlichen Menschheit diese bildhaften Symbole. Auf diese Weise ist, der Menschheit unbewußt, eine Wertschätzung der dargestellten Ideale in unsere feineren Träger eingeätzt worden.

Wie ein Samenkorn ungesehen im Boden keimt, ehe sich die Pflanze sichtbar bildet und Blüten treibt, so haben uns diese Ätzungen, die durch die Mythen unseren feineren Körpern eingeprägt wurden, in einen Zustand der Empfänglichkeit gebracht, in dem wir williger sind, uns höheren Idealen zuzuwenden und uns über die gewöhnlichen Verhältnisse der materiellen Welt zu erheben.

Diese Ideale wären von der niederen Natur des Menschen überwuchert worden, wenn nicht die Wirksamkeit solcher Sagen, wie Faust, Parsifal und ähnlicher Erzählungen sie Zeitalter hindurch bewahrt hätte.

Ebenso wie die Geschichte von Hiob, beginnt die erste Szene des Faust-Dramas im Himmel mit einer Zusammenkunft der Söhne von Seth, darunter auch Luzifer. Es endet auch im Himmel nach Goethes Darstellung. Da diese sehr von der gewöhnli-

---

*) Max Heindel: „Freimaurerei und Katholizismus"

chen Opernaufführung abweicht, sehen wir uns einem gewaltigen Problem gegenübergestellt. Tatsächlich wird im Faust die Evolution der Menschheit in der gegenwärtigen Epoche geschildert. Es wird uns auch gezeigt, wie die Söhne von Seth und die Söhne von Kain auf der Weltenbühne ihre Rollen spielen.

Der Verfasser hat sich immer bemüht, so viel wie möglich bei der Sache zu bleiben, so daß jederzeit der zur Betrachtung stehenden Philosophie die volle Kraft schärfster Beleuchtung zuteil werden soll, soweit dies irgend möglich ist. Manchmal aber rechtfertigen die Umstände ein Verlassen der Hauptrichtung, und solche Umstände sind für unsere Betrachtungsweise des Faust als Mythe eingetreten. Wenn wir uns über diesen Gegenstand nur soweit unterhalten wollen, als er Bezug zu Freimaurerei und Katholizismus hat, müßten wir später auf ihn zurückkommen, um andere Punkte von wesentlichem Interesse in der Entwicklung der Seele als Aufgabe der Menschheit zu beleuchten. Wir hoffen deshalb, daß Abschweifungen, die zu Erweiterungen führen, nicht getadelt werden.

In der Eröffnungsszene werden drei Söhne Gottes, Planeten-Geister, eingeführt, wie sie sich vor dem großen Architekten des Universums neigen und im Gesang der Sphären das „Große Wesen" anbeten, das die Quelle alles Lebens ist und der Urheber aller seiner Offenbarungen. Goethe läßt einen dieser hohen Sternen-Geister sagen:

> „Die Sonne tönt nach alter Weise
> In Brudersphären Wettgesang,
> Und ihre vorgeschriebne Reise
> Vollendet sie mit Donnergang."

Man hat moderne wissenschaftliche Instrumente erfunden, mit deren Hilfe im Laboratorium die Umwandlung von Lichtwellen in Klang vorgenommen wird. So wird für den mystischen Grundsatz der Identität dieser Erscheinungen der physikalische

Beweis erbracht. Diese Erkenntnis, früher nur dem Weisen erreichbar, der fähig war, sein Bewußtsein in das Reich der konkreten Gedanken zu erheben, ist nun auch vom Wissenschaftler anerkannt. Der Gesang der Sphären, zuerst von Pythagoras öffentlich erwähnt, ist daher weder als leere Vorstellung einer zu lebhaften Dichterphantasie noch als die Schrulle eines überspannten Gehirns anzusehen.

Goethe meinte, was er sagte. Die Sterne haben alle ihre eigenen Schlüsselnoten, und sie reisen um die Sonne in so verschiedenen Geschwindigkeiten, daß ihre augenblickliche Stellung erst nach Ablauf von siebenundzwanzigtausend Jahren wieder genau die gleiche ist. So ändert sich die Harmonie der Gestirne in jedem Augenblick des Lebens, und wie sie sich wandelt, ändert auch die Welt ihre Ideen und ihre Ideale. Der kreisförmige Lauf der wandernden Planeten zum Klang der von ihnen selbst verursachten himmlischen Sinfonien setzt Zeichen für den Fortschritt des Menschen entlang des Pfades, den wir Evolution nennen.

Aber es ist ein Irrtum zu denken, daß ständige Harmonie dem Ohre wohlgefällig ist. Musik, nur so ausgedrückt, würde monoton wirken, wir würden der immerwährenden Harmonie müde werden, sie würde ihren Reiz verlieren, wenn nicht Dissonanzen in gewissen Abständen eingeflochten würden. Je näher ein Komponist dem Mißklang kommen kann, ohne ihn gewissermaßen handelnd in die Musik einzuführen, desto wohltuender wird seine Komposition uns entgegentreten, wenn ihr durch die Instrumentierung Leben verliehen wird. Besonders im Gesang der Sphären könnten wir ohne den „Göttlichen Mißklang" niemals die Individualität und die Selbständigkeit erreichen, zu der alle Evolution die Richtung nimmt.

Darum bezeichnet das Buch Hiob Satanas als einen der Söhne Gottes. Die Faust-Mythe sagt, daß auch Luzifer gegenwärtig ist bei der Zusammenkunft, die im einleitenden Kapitel der Erzählung stattfindet. Von ihm kommt die Heilsnote der Dissonanz, die einen Kontrast zur himmlischen Harmonie bildet, und wie das hellste Licht den tiefsten Schatten wirft, erhöht Luzifers Stimme die Schönheit des himmlischen Gesanges.

Während die Planeten-Geister sich in Anbetung neigen, wenn sie die Werke des Weltenbaumeisters betrachten, wie sie im Universum offenbart sind, bringt Luzifer den Ton der Kritik, des Tadels an dem Meisterstück Gottes, dem König der Geschöpfe, dem Menschen, in folgenden Worten zum Ausdruck:

> „Von Sonn' und Welten weiß ich nichts zu sagen.
> Ich sehe nur, wie sich die Menschen plagen.
> Der kleine Gott der Welt bleibt stets von gleichem Schlag
> Und ist so wunderlich als wie am ersten Tag.
> Ein wenig besser würd er leben,
> Hättst du ihm nicht den Schein des Himmelslichts gegeben;
> Er nennt's Vernunft und braucht's allein,
> Nur tierischer als jedes Tier zu sein."

Dies mag vom Standpunkt früherer Generationen gotteslästerlich klingen. Doch im helleren Licht der Neuzeit können wir verstehen, daß selbst in einem so erhabenen Wesen, wie das mit dem Namen GOTT bezeichnete, Wachstum, Werden möglich sein muß. Wir können dem Streben nach noch größeren Fähigkeiten Sinn geben im Hinblick auf künftige Universen, die anderen Urgeistern Verbesserungen und Erleichterungen für ihre Evolution bieten können, die sich aus den Unvollkommenheiten dieser Offenbarung des Erhabenen Schöpfers entwickelt haben. Weiterhin, da wir „in Ihm leben, sind und unser Wesen haben", würde der Mißklang, den die Luzifer-Geister anschlagen, in Ihm selber erklingen. Es wäre keine von außen her einsetzende Tätigkeit, welche die Aufmerksamkeit auf Fehler lenkte oder Ihn zur Rechenschaft zöge, sondern Seine eigene Göttliche Erkenntnis einer Unvollkommenheit, die in das größere Gute gewandelt wird.

In der Bibel lesen wir, daß Hiob ein frommer Mann war, und in dem Faust-Drama ist der Träger der Titelrolle ein Diener Gottes; denn naturgemäß muß das Problem der Entwicklung, des größeren Wachstums von den am meisten Fortgeschrittenen gelöst werden. Gewöhnliche Menschen, solche, die noch tiefer auf der Stufenleiter der Evolution stehen, haben noch den Teil des Weges vor sich, der von solchen wie Faust und Hiob schon zurückgelegt wurde. Sie sind Vorkämpfer der Rasse und werden deshalb von der Menschheit im allgemeinen so angesehen, wie Luzifer sie beschreibt, als Narren und Phantasten:

„Fürwahr! er dient Euch auf besondre Weise.
Nicht irdisch ist des Toren Trank noch Speise.
Ihn treibt die Gärung in die Ferne,
Er ist sich seiner Tollheit halb bewußt;
Vom Himmel fordert er die schönsten Sterne
Und von der Erde jede höchste Lust,
Und alle Näh und alle Ferne
Befriedigt nicht die tiefbewegte Brust."

Für solche Menschen muß ein neuer und höherer Pfad sich öffnen, um ihnen größere Gelegenheit zum Wachstum zu geben. So antwortet denn der Herr:

„Wenn er mir jetzt auch nur verworren dient,
So werd ich ihn bald in die Klarheit führen.
Weiß doch der Gärtner, wenn das Bäumchen grünt,
Daß Blüt und Frucht die künft'gen Jahre zieren."

II

DIE SORGEN DER SUCHENDEN SEELE I

Wie körperliche Übungen nötig sind, um die Muskeln zu entwickeln, so wird die Entwicklung der moralischen Fähigkeiten durch Versuchung zum Abschluß gebracht. Der Seele ist die Wahl freigegeben, sie kann sich in jeder erwählten Richtung schulen; denn sie lernt genausogut durch ihre Mißgriffe wie durch rechtes Handeln, oft sogar besser durch erstere. Darum wird dem Teufel die Erlaubnis gegeben, Hiob zu versuchen, und im „Faust" macht er den Vorschlag:

> „Was wettet Ihr? den sollt Ihr noch verlieren,
> Wenn Ihr mir die Erlaubnis gebt,
> Ihn meine Straße sacht zu führen!"

Darauf antwortet der Herr:

> „Nun gut, es sei dir überlassen!
> Zieh diesen Geist von seinem Urquell ab
> Und führ ihn, kannst du ihn erfassen,
> Auf deinem Wege mit herab,
> Und steh beschämt, wenn du bekennen mußt:
> Ein guter Mensch in seinem dunklen Drange
> Ist sich des rechten Weges wohl bewußt.
> – – –
> Du darfst auch da nur frei erscheinen;
> Ich habe deinesgleichen nie gehaßt.
> Von allen Geistern, die verneinen,
> Ist mir der Schalk am wenigsten zur Last.
> Des Menschen Tätigkeit kann allzuleicht erschlaffen,
> Er liebt sich bald die unbedingte Ruh;
> Drum geb ich gern ihm den Gesellen zu,
> Der reizt und wirkt und muß als Teufel schaffen.
> Doch ihr, die echten Göttersöhne,
> Erfreut euch der lebendig reichen Schöne!

> Das Werdende, das ewig wirkt und lebt,
> Umfass euch mit der Liebe holden Schranken,
> Und was in schwankender Erscheinung schwebt,
> Befestiget mit dauernden Gedanken."

So ist das Komplott fertig, und Faust ist im Begriff, in die Schlingen zu geraten, die jeder suchenden Seele in den Weg gelegt sind. Die folgenden Zeilen zeigen den segensreichen Zweck und die Notwendigkeit der Versuchung. Der Geist ist ein integrierender Teil Gottes; ursprünglich unschuldig, aber nicht tugendhaft. Tugend ist eine positive Eigenschaft, die entwickelt wird, indem man in der Versuchung festhält am Rechten oder indem man Leiden erträgt als Folge von Verfehlungen. So ist der Prolog im Himmel ein Führer durch die Faust-Mythe und ermuntert die suchende Seele. Er gibt Aufschluß über den ewigen Zweck hinter den irdischen Verhältnissen, die Schmerz und Sorge verursachen.

Goethe führt nun Faust selber ein, der in seinem verdunkelten Studierzimmer steht, versunken in Innen- und Rückschau:

> „Habe nun, ach! Philosophie,
> Juristerei und Medizin,
> Und leider auch Theologie!
> Durchaus studiert, mit heißem Bemühn.
> Da steh ich nun, ich armer Tor!
> Und bin so klug als wie zuvor;
> Heiße Magister, heiße Doktor gar,
> Und ziehe schon an die zehen Jahr
> Herauf, herab und quer und krumm
> Meine Schüler an der Nase herum —
> Und sehe, daß wir nichts wissen können!
> Das will mir schier das Herz verbrennen.
>
> ———
>
> Dafür ist mir auch alle Freud entrissen,
> Bilde mir nicht ein, was Rechts zu wissen,
> Bilde mir nicht ein, ich könnte was lehren,

Die Menschen zu bessern und zu bekehren.
Auch hab ich weder Gut noch Geld,
Noch Ehr und Herrlichkeit der Welt;
Es möchte kein Hund so länger leben!
Drum hab ich mich der Magie ergeben,
Ob mir durch Geistes Kraft und Mund
Nicht manch Geheimnis würde kund;
Daß ich nicht mehr, mit sauerm Schweiß,
Zu sagen brauche, was ich nicht weiß;
— — —
Weh! steck ich in dem Kerker noch?
Verfluchtes dumpfes Mauerloch,
Wo selbst das liebe Himmelslicht
Trüb durch gemalte Scheiben bricht!
— — —
Flieh! Auf! Hinaus ins weite Land!
Und dies geheimnisvolle Buch,
Von Nostradamus' eigner Hand,
Ist dir es nicht Geleit genug?
Erkennest dann der Sterne Lauf,
Und wenn Natur dich unterweist,
Dann geht die Seelenkraft dir auf,
Wie spricht ein Geist zum andern Geist."

Ein lebenslanges Studium hat Faust kein wirkliches Wissen gebracht. Die herkömmlichen Wege des Lernens waren am Ende verriegelt. Der Wissenschaftler kann denken, daß GOTT überflüssig ist; er kann glauben, daß das Leben aus chemischen Wirkungen besteht; diesen Anschein hat es, wenn er mit seinen Forschungen beginnt. Aber je tiefer er in seine Untersuchungen hineingerät, desto größer werden die Geheimnisse, bis er schließlich genötigt wird, weiteres Forschen aufzugeben, oder GOTT als Geist anzunehmen, der jedes Atom beseelt. Faust ist an diesen Punkt gelangt. Er sagt, daß er nicht „für Gut noch Geld, noch Ehr und Herrlichkeit der Welt" gearbeitet hat. Er strebte aus Liebe zum Forschen und ist an dem Punkte angelangt, wo er eine geistige Welt, die alle Wesen umfaßt, anerkennen muß. Und durch diese Welt, durch Magie, trachtet er nun höheres und wirklicheres Wissen zu erringen als das in Büchern enthaltene.

Ein Buch, von Nostradamus' eigener Hand geschrieben, liegt vor ihm. Er schlägt es auf und erblickt das Zeichen des Makrokosmos. Die darin enthaltene Kraft öffnet seinem Bewußtsein einen Teil der gesuchten Welt, und in einem Ausbruch des Entzückens ruft er aus:

> „Ha! welche Wonne fließt in diesem Blick
> Auf einmal mir durch alle meine Sinnen!
> Ich fühle junges, heil'ges Lebensglück
> Neuglühend mir durch Nerv' und Adern rinnen.
> — — —
> Jetzt erst erkenn ich, was der Weise spricht:
> ,Die Geisterwelt ist nicht verschlossen;
> Dein Sinn ist zu, dein Herz ist tot!
> Auf, bade, Schüler, unverdrossen
> Die ird'sche Brust im Morgenrot!'
> Wie alles sich zum Ganzen webt,
> Eins in dem andern wirkt und lebt!
> Wie Himmelskräfte auf und nieder steigen
> Und sich die goldnen Eimer reichen!
> Mit segenduftenden Schwingen
> Vom Himmel durch die Erde dringen,
> Harmonisch all das All durchklingen!"

Aber wieder schwingt das Pendel zurück. Wie ein Versuch, direkt in das strahlende Licht der Sonne zu schauen, die Zerstörung der Netzhaut des Auges zur Folge hätte, so endet der kühne Versuch, das Unendliche zu ergründen, in Mißlingen, und die suchende Seele wird aus dem Jubel der Freude in die Dunkelheit der Verzweiflung geworfen:

> „Welch Schauspiel! Aber ach! ein Schauspiel nur!
> Wo faß ich dich, unendliche Natur?
> Euch Brüste, wo? Ihr Quellen alles Lebens,
> An denen Himmel und Erde hängt,
> Dahin die welke Brust sich drängt —
> Ihr quellt, ihr tränkt, und schmacht ich so vergebens?"

Wir müssen erst das Niedere verstehen, ehe wir mit Erfolg nach höherem Wissen trachten können. Von höheren Welten, feineren Körpern zu prahlen und zu faseln, wenn wir nur ein geringes Verständnis für die Träger haben, die wir täglich brauchen, und für die Umgebung, in der wir leben, ist die Höhe der Torheit. „Mensch, erkenne dich selbst" ist ein gesundes Gebot. Die einzige Sicherheit liegt darin, die Leiter Stufe um Stufe zu erklimmen, niemals einen neuen Schritt zu versuchen, bevor wir uns versichert haben, daß wir das Gleichgewicht halten wo wir stehen. Manche Seele kennt aus eigener Erfahrung die Verzweiflung, die aus den Worten des Faust spricht.

Törichterweise begann er an der höchsten Stelle. Trotz der erlittenen Enttäuschung versteht er noch nicht, daß er unten anfangen muß. So beginnt er mit einer Beschwörung des Erdgeistes:

> „Wie anders wirkt dies Zeichen auf mich ein!
> Du, Geist der Erde, bist mir näher;
>
> — — —
>
> Ich fühle Mut, mich in die Welt zu wagen,
> Der Erde Weh, der Erde Glück zu tragen,
> Mit Stürmen mich herumzuschlagen
> Und in des Schiffbruchs Knirschen nicht zu zagen.
> Es wölkt sich über mir —
> Der Mond verbirgt sein Licht —
> Die Lampe schwindet!
> Es dampft! — Es zucken rote Strahlen
> Mir um das Haupt — Es weht

>Ein Schauer vom Gewölb herab
>Und faßt mich an!
>Ich fühl's, du schwebst um mich, erflehter Geist.
>Enthülle dich!
>Ha, wie's in meinem Herzen reißt!
>Zu neuen Gefühlen
>All meine Sinnen sich erwühlen!
>Ich fühle ganz mein Herz dir hingegeben!
>Du mußt! du mußt! und kostet' es mein Leben!"

Wie wir in „Die Weltanschauung der Rosenkreuzer" und darüber hinaus in der „Rosenkreuzer-Philosophie" im Anschluß an eine Frage, den lateinischen Ritus der katholischen Kirche betreffend, erläuterten, ist ein Name ein Klang. Richtig ausgesprochen, einerlei von wem, übt er einen zwingenden Einfluß auf diejenige Intelligenz aus, für die er steht. Und das Wort, das bei jedem Einweihungsgrad gegeben wird, erschließt dem Menschen jedesmal eine ganz besondere Schwingungssphäre, die jeweils von einer bestimmten Klasse von Geistwesen bevölkert ist. Wie eine Stimmgabel dem verwandten Ton antwortet, so öffnet sich Fausts Bewußtsein der alles durchdringenden Gegenwart des Erdgeistes, wenn er dessen N a m e ausspricht.

Es sei daran erinnert, daß Fausts Erfahrung kein vereinzeltes Beispiel ist für ein Ereignis, das unter ungewöhnlichen Verhältnissen eintreten kann. Er ist vielmehr ein Symbol der suchenden Seele. Du und ich sind in gewissem Sinne Faust; denn auf einer bestimmten Stufe unserer Evolution werden wir dem Erdgeist*) begegnen und die Kraft Seines richtig ausgesprochenen Namens erkennen.

---

*) vgl. Max Heindel: „Die Weltanschauung der Rosenkreuzer", Seiten 65, 507 und 509

III

DIE SORGEN DER SUCHENDEN SEELE II

In „Der Stern von Bethlehem, eine mystische Tatsache", bemühten wir uns, dem Schüler den Schimmer eines Einblickes in eine bestimmte Phase der Einweihung zu vermitteln. Die meisten Menschen gehen auf der Erde umher und sehen nur eine scheinbar tote Masse. Aber eine der ersten Tatsachen, die sich unserem Bewußtsein durch Einweihung enthüllen, ist die lebendige Wirklichkeit des Erdgeistes. Wie die Oberfläche unseres Körpers tot scheint im Verhältnis zu den Organen im Innern, so gibt die äußere Umhüllung der Erde in ihrem Verkrustungszustand keine Vorstellung von der wunderbaren Tätigkeit drinnen. Auf dem Pfade der Einweihung werden neun verschiedene Schichten offenbart, und im Mittelpunkt dieser kreisenden Erdkugel begegnen wir dem Erdgeist von Angesicht zu Angesicht. Es ist wirklich wahr, daß er im Innern der Erde sich stöhnend abmüht für alle seine Wesen und in sehnsuchtsvoller Erwartung auf unsere Kundgebung als Gottessohn arbeitet, damit, wenn die suchende Seele, die nach Befreiung trachtet, von ihrem physischen Körper erlöst sein wird, auch der Erdgeist seinen Todesleib ablegen kann, in welchem er jetzt für uns verborgen ist.

Die Worte des Erdgeistes an Faust, wie Goethe sie gibt, bieten hervorragendes Material zur Meditation; denn sie stellen mystisch dar, was der Kandidat empfindet, wenn er zuerst die Wirklichkeit des Erdgeistes in lebendiger Gegenwart erfühlt, wie er immer tätig an unserer Aufwärtsentwicklung arbeitet.

> „In Lebensfluten, im Tatensturm
> Wall ich auf und ab,
> Webe hin und her!
> Geburt und Grab,
> Ein ewiges Meer,
> Ein wechselnd Weben,

> Ein glühend Leben,
> So schaff ich am sausenden Webstuhl der Zeit
> Und wirke der Gottheit lebendiges Kleid."

Natürlich darf man sich den Erdgeist nicht als größeren Menschen vorstellen oder in anderer physischer Form, sondern nur in Gestalt der Erde. Der Lebensleib von Jesus, in den der CHRISTUS-Geist zuerst einströmte bevor Er in die Erde eintreten konnte, hat die gewöhnliche menschliche Form und wird dem Kandidaten auf einer gewissen Entwicklungsstufe gezeigt. Eines Tages, in ferner Zukunft, wird er wieder den segenbringenden CHRISTUS-Geist beherbergen bei seiner Rückkehr vom Mittelpunkt der Erde. Dann werden wir ätherisch geworden sein, und Er ist bereit, in höhere Sphären einzugehen und verläßt uns, damit wir Lehren des VATERS empfangen, dessen Religion höher sein wird als das Christentum.

Die esoterische Wahrheit, daß **ein Geist, der durch eine bestimmte Tür eintritt, auf demselben Weg zurückkehren muß**, wird von Goethe in Verbindung mit Mephistopheles anläßlich seines ersten Erscheinens vor Faust gelehrt. Faust ist nicht auf dem für ordnungsgemäß geltenden Einweihungswege. Er hat weder Zulassung noch Hilfe von den Älteren Brüdern erworben. Infolge seiner Ungeduld sucht er an der falschen Tür. Darum weist ihn der Erdgeist zurück. So wird er, nachdem er scheinbar sein Ziel erreichte, vom Gipfel der Freude in den Abgrund der Verzweiflung geworfen, wo es ihm klar wird, daß er tatsächlich sein Ziel verfehlte:

> „Ich, Ebenbild der Gottheit, das sich schon
> Ganz nah gedünkt dem Spiegel ew'ger Wahrheit,
> Sein selbst genoß in Himmelsglanz und Klarheit
> Und abgestreift den Erdensohn;
> Ich, mehr als Cherub, dessen freie Kraft
> Schon durch die Adern der Natur zu fließen

Und, schaffend, Götterleben zu genießen
Sich ahnungsvoll vermaß, wie muß ich's büßen!
Ein Donnerwort hat mich hinweggerafft.
Nicht darf ich dir zu gleichen mich vermessen!
Hab ich die Kraft, dich anzuziehn besessen,
So hatt ich dich zu halten keine Kraft.
In jenem sel'gen Augenblicke
Ich fühlte mich so klein, so groß;
Du stießest grausam mich zurücke,
Ins ungewisse Menschenlos.
Wer lehret mich? was soll ich meiden?"

Er denkt, daß die Quellen der Belehrung erschöpft sind und daß er niemals richtiges Wissen erlangen wird. Die dumpfe Einförmigkeit eines gewöhnlichen bürgerlichen Lebens fürchtend, ergreift er eine Phiole, die Gift enthält, und ist im Begriff zu trinken, als von außen hereinschallende Gesänge die Auferstehung des Christus verkünden; denn es ist Ostermorgen. Der Gedanke an diese Zusammenhänge weckt neue Hoffnung in seiner Seele.

Nach diesen Erschütterungen sehen wir Faust mit seinem Famulus Wagner auf einem Spaziergange vor den Toren der Stadt. Aus seinen Worten klingt uns der Verzweiflungskampf jeder suchenden Seele entgegen, der sich ständig in ihr abspielt zwischen der höheren und der niederen Natur des Menschen. So lange wir ein weltliches Leben ohne höheres Streben führen, ist Friede in unserer Brust. Aber wenn wir einmal den Ruf des Geistes vernommen haben, ist unser Gleichgewicht dahin, und je eifriger wir die Suche nach dem Gral betreiben, desto heftiger ist dieser innere Kampf. Paulus hielt sich selbst für einen elenden Menschen, weil die niederen Begierden des Fleisches gegen die höheren geistigen Bestrebungen aufstanden. Fausts Worte sind von besonderer Bedeutung:

> „Zwei Seelen wohnen, ach! in meiner Brust,
> Die eine will sich von der andern trennen;
> Die eine hält in derber Liebeslust
> Sich an die Welt mit klammernden Organen;
> Die andre hebt gewaltsam sich vom Dust
> Zu den Gefilden hoher Ahnen."

Er erkennt nicht, daß es keinen Weg zur Erreichung des Zieles gibt, den alle gemeinsam gehen können, sondern daß jeder den Pfad zum Frieden allein gehen muß. Er denkt, daß geistige Wesen ihm die erforderliche Seelenkraft fertig zu seinem Gebrauch übermitteln können.

> „O gibt es Geister in der Luft,
> Die zwischen Erd und Himmel herrschend weben,
> So steiget nieder aus dem goldnen Duft
> Und führt mich weg zu neuem, buntem Leben!
> Ja, wäre nur ein Zaubermantel mein!
> Und trüg er mich in fremde Länder,
> Mir sollt er um die köstlichsten Gewänder,
> Nicht feil um einen Königsmantel sein!"

Weil er sich nach anderen, nach Hilfe von außen umsieht, ist er zu Enttäuschungen verurteilt. „Bist du Christus, hilf dir selber", ist die allgemeine Regel, und Selbstvertrauen ist die Haupttugend, die Anwärter in den westlichen Mysterien-Schulen entwickeln müssen. Niemand darf sich an Meister anlehnen oder Führern blindlings folgen. Die Brüder vom Rosenkreuz sind bestrebt, die Seelen, die zu ihnen kommen, selbständig werden zu lassen, sie zu erziehen, zu stärken und zu Mitarbeitern zu machen. Menschenfreunde sind dünn gesät, und wer von einem Lehrer mehr erwartet, als daß er den Weg zeigt, wird sich getäuscht sehen. Unabhängig davon, was sie von uns verlangen, unabhängig auch, ob sie im Fleische oder als Geister kommen und unabhängig wie geistig sie zu sein scheinen, Lehrer können die guten Taten, die für das Seelenwachstum erforderlich sind, nicht für uns vollbringen, sie nicht für uns auswerten noch uns die daraus resultierende gebrauchsfertige Seelenkraft übertragen; ebensowenig wie sie uns physische Stärke verleihen können, indem sie unsere Nahrung essen.

Es ist wahr; Faust, die suchende Seele, zieht einen Geist an, bereit, ihm zu dienen. Aber dieser Geist ist unerwünschter Art, es ist Luzifer. Als Faust seinen Namen wissen will, antwortet er auf die Frage, wer er sei:

„Ein Teil von jener Kraft,
Die stets das Böse will und stets das Gute schafft."
— — —
„Ich bin der Geist, der stets verneint!"

Leute oder Geister, die uns anbieten, unsere Wünsche befriedigen zu wollen, haben meistens irgend eine Absicht im Hintergrunde.

Nun kommen wir an einen Punkt, der ein wichtiges kosmisches Gesetz bezeichnet, das verschiedenen geistigen Phänomenen zu Grunde liegt und auch die einzigartige Lehre der Rosenkreuzer-Gemeinschaft stützt, daß CHRISTUS nicht in einem dichten physischen Körper, sondern im Lebensleib wiederkommen wird. Dies Gesetz zeigt auch, warum er wiederkommen m u ß . Schüler tun deshalb gut, dieses sehr sorgfältig zu lesen:

Die mentale Haltung von Faust, die Richtung seiner Gedanken also, zog Luzifer an, und dieser folgt ihm in sein Studierzimmer. Auf dem Boden innerhalb der Tür ist ein fünfzackiger Stern, von dem zwei Zacken gegen die Tür gerichtet sind. Im gewöhnlichen Verlauf des Naturgeschehens betritt der menschliche Geist seinen physischen Körper während des vorgeburtlichen Lebens und verläßt ihn bei seinem Tod durch das Haupt. Unsichtbare Helfer, die gelernt haben, in der Hypophyse sexuelle Kraft in Seelenkraft umzuwandeln, verlassen und betreten den dichten Körper ebenfalls durch den Kopf. Darum symbolisiert das Pentagramm **mit einer nach oben gerichteten Zacke** die strebende Seele, die in Harmonie mit der Natur arbeitet.

Der Schwarzmagier, der weder eine Seele noch Seelenkraft hat, bedient sich ebenfalls der Geschlechtskraft. Er verläßt und betritt seinen Körper durch die Füße, und die Silberschnur dringt vom Geschlechtsorgane vor. Darum ist das Pentagramm mit zwei aufwärtsgerichteten Zacken das Symbol der schwarzen Magie. Mephistopheles hatte keine Schwierigkeiten, Fausts Studierzimmer zu betreten, aber beim Verlassen nach dem Gespräch mit Faust versperrt ihm die eine Spitze den Weg. Er ersucht Faust, das Zeichen zu entfernen, und dieser fragt:

Faust:
„Das Pentagramma macht dir Pein?
Ei sage mir, du Sohn der Hölle,
Wenn das dich bannt, wie kamst du denn herein?
Wie ward ein solcher Geist betrogen?"
— — —

„Doch warum gehst du nicht durchs Fenster?"

Mephistopheles:
„'s ist ein Gesetz der Teufel und Gespenster:
Wo sie hereingeschlüpft, da müssen sie hinaus.
Das erste steht uns frei, beim zweiten sind wir Knechte."

Vor dem Jahre 33 unserer Zeitrechnung führte Jehova unseren Planeten in seiner Bahn und leitete die Menschen auf ihrem Evolutionswege **von außen her**. Von Golgotha aus trat der CHRISTUS-Geist in die Erde ein, die Er nun von innen her lenkt und weiter lenken wird, bis eine genügende Anzahl Menschen die nötige Seelenkraft entwickelt haben wird, die Erde schwebend zu halten und unsere jüngeren Brüder zu führen. Dies erfordert die Fähigkeit, in Lebensleibern zu leben, die zur Levitation im Stande sind. Der Lebensleib von Jesus, durch den

CHRISTUS in die Erde eintrat, bietet ihm die einzige Möglichkeit für die Rückkehr zur Sonne. Daher wird Seine Wiederkehr im Lebensleibe von Jesus erwartet.

IV

SEINE SEELE DEM TEUFEL VERKAUFEN I

Die Faust-Mythe deckt eine eigenartige Lage auf, in der sich der Held, der die suchende Seele ist, bei seiner Begegnung mit verschiedenen Klassen von Geistern befindet. Fausts Geist, dem Guten ergeben, fühlt sich zu Höherem berufen; er fühlt sich dem segenbringenden Erdgeiste verwandt und beklagt seine eigene Unfähigkeit, ihn zu halten und von ihm zu lernen. Dem Geist der Verneinung gegenübergestellt, der nur zu willig ist, zu lehren und zu dienen, findet er sich in gewisser Beziehung als Meister; denn dieser Geist kann ihm nicht entschlüpfen, weil das Symbol des fünfzackigen Sterns, in der erwähnten Weise gezeichnet, ihn bannt. Aber sowohl seine Unfähigkeit, den Erdgeist zu halten und die Belehrung dieses erhabenen Wesens zu erlangen, als auch seine Herrschaft über den Geist der Verneinung, liegen begründet in der Tatsache, daß er d u r c h Z u f a l l mit ihnen in Berührung kam und nicht durch von innen heraus entwickelte Seelenkraft.

Als Parsifal, der Held einer anderen dieser großen Seelenmythen, zuerst die Gralsburg besuchte, wurde er gefragt, wie er dorthin gelangt sei, und er antwortete: „Ich weiß es nicht". Er war rein z u f ä l l i g an den heiligen Ort geraten, wie manchmal eine Seele in einer Vision den Schimmer himmlischer Reiche empfängt; aber er konnte in Mont Salvat nicht bleiben. Er mußte wieder in die Welt hinausziehen und seine Lektionen lernen.

Viele Jahre später kehrte er zurück zur Gralsburg, ein müder Kämpfer, verzehrt vom Suchen, und dieselbe Frage wurde wieder an ihn gestellt: „Wie kamst du heut? Woher?" Diesmal jedoch lautete die Antwort anders; denn er sagte: „Der Irrnis und der Leiden Pfade kam ich".

Das ist das Hauptmerkmal, das den großen Unterschied zwischen Personen ausmacht, die durch Zufall in Verbindung mit Geistwesen überphysischer Regionen kommen oder über die Lösung eines Naturgesetzes stolpern und jenen, die durch fleißige Forschung und besonders, indem sie d a s h ö h e r e L e - b e n l e b e n zur bewußten Einweihung in die Geheimnisse der Naturgesetze gelangen. Die Ersteren wissen nicht, wie sie diese Kraft weise benutzen sollen und sind daher hilflos. Die Letzteren meistern immer die Kraftschwingungen ihres Inneren, während die anderen Spielball sind für jede Kraft und Intelligenz, die Vorteil darin findet, sich ihrer zu bedienen.

Faust ist das Symbol des Menschen, und die Menschheit wurde im Anfange durch Luzifer-Geister und die Engel des Jehova gelenkt. Jetzt blicken wir auf den CHRISTUS-Geist in der Erde als auf den Heiland, der uns von ihrem selbstsüchtigen und verneinenden Einfluß erlösen wird.

Paulus gibt uns einen flüchtigen Einblick in unsere weitere Evolution, wenn er sagt, daß, nachdem CHRISTUS sein Königreich errichtet hat, Er zum VATER gehen wird, Der dann alles in allem sein wird.

Faust jedoch sucht zuerst Verbindung mit dem Makrokosmos, welcher der VATER ist. Wie der himmlische Kentaur — Sagittarius, der Schütze — zielt er auf die höchsten Sterne. Es befriedigt ihn nicht, von unten zu beginnen und seinen Weg Schritt für Schritt zu verfolgen. Zurückgeschleudert von diesem höchsterhabenen Wesen, findet er sich einen Schritt tiefer auf der Stufenleiter wieder und sucht Verbindung mit dem Erdgeist, der ihn ebenfalls abweist; denn er kann nicht Schüler der guten Mächte werden, ehe er mit ihren Gesetzen übereinstimmt, so daß er den Pfad der Initiation durch die richtige Tür beschreiten kann. Als er herausfindet, daß das Pentagramm an der Tür den bösen Geist festhält, sieht er darin Gelegenheit zu einem Handelsvertrag. Er ist bereit, seine Seele dem Teufel zu verkaufen.

Wie jedoch schon vorher gesagt, ist er zu unwissend, dauernd die Herrschaft zu behaupten, und geistige Kraft räumt schnell die Hindernisse hinweg und gibt Mephistopheles seine Freiheit zurück. Obgleich er aus Fausts Zimmer entweicht, kommt er bald zurück, um den Vertrag mit der suchenden Seele zum Abschluß zu bringen. Er malt vor Fausts Augen glühende Bilder, wie er sein Leben verbringen, seine Leidenschaften und Wünsche befriedigen kann. Faust, der weiß, daß Luzifer nicht uninteressiert an dem Handel ist, fragt nach den von ihm verlangten Gegenleistungen. Darauf antwortet Mephistopheles:

> „Ich will mich hier zu deinem Dienst verbinden,
> Auf deinen Wink nicht rasten und nicht ruhn;
> Wenn wir uns drüben wiederfinden,
> So sollst du mir das Gleiche tun."

Faust selber stellt eine anscheinend eigenartige Bedingung auf, den Zeitpunkt betreffend, wann des Teufels Dienst und sein Erdenleben enden soll.

So sonderbar es klingen mag, wir haben in der Zustimmung des Teufels und der Klausel, die Faust aufstellt, grundlegende Gesetze der Evolution zu sehen. Durch das Gesetz der Anziehung werden wir sowohl hier wie jenseits mit verwandten Geistern in Berührung gebracht. Wenn wir hier den guten Kräften dienen und an unserer Höherentwicklung arbeiten, finden wir ähnlich gesinnte Gesellschaft in dieser Welt und in der anderen, aber wenn wir Dunkelheit mehr lieben als Licht, werden wir uns hier wie drüben der Unterwelt verbündet finden. Diesem Schicksal entgehen wir nicht.

Überdies sind wir alle Arbeiter im „Tempel-Bau" unter der Leitung GOTTES und seiner Beauftragten, den göttlichen Hierarchien. Wenn wir der Aufgabe ausweichen, die uns das Leben stellt, werden wir in Verhältnisse gesetzt, die uns zwingen werden, sie zu lernen. Es gibt keine Ruhe und keinen Frieden auf dem Wege der Evolution, und wenn wir Vergnügungen und Freude gewinnen wollen, statt unsere Lebensarbeit zu tun, wird bald das Sterbegeläute für uns erschallen. Jedesmal, wenn wir an den Punkt gelangen, die enteilende Stunde anhalten zu wollen, wenn wir so zufrieden mit den Verhältnissen sind, daß wir unsere Anstrengungen für den Fortschritt einstellen, ist unser Dasein bald beendet. Es ist eine häufig gemachte Beobachtung, daß Leute, die sich vom Geschäft zurückziehen, um dem Genuß dessen zu leben, das sie erworben haben, bald dahinscheiden; während der Mann, der in anwachsender Arbeitslast steht, gewöhnlich länger lebt. Nichts ist so geeignet, ein Leben zu beenden, wie Untätigkeit. Darum, wie schon gesagt, sind die Gesetze der Natur in dem Vertrag von Mephistopheles und der Zusatzbedingung von Faust ausgedrückt:

> „Werd ich beruhigt je mich auf ein Faulbett legen,
> So sei es gleich um mich getan!
> Kannst du mich schmeichelnd je belügen,
> Daß ich mir selbst gefallen mag,
> Kannst du mich mit Genuß betrügen:
> Das sei für mich der letzte Tag!
>
> — — —
>
> Werd ich zum Augenblicke sagen:
> Verweile doch! du bist so schön!
> Dann magst du mich in Fesseln schlagen,
> Dann will ich gern zugrunde gehn!
> Dann mag die Totenglocke schallen,
> Dann bist du deines Dienstes frei,
> Die Uhr mag stehn, der Zeiger fallen,
> Es sei die Zeit für mich vorbei!"

Mephistopheles verlangt, daß Faust mit einem T r o p f e n Blut den Vertrag unterschreibt. Auf Befragen nach dem Grund dieser Maßnahme sagt er listig: „Blut ist ein ganz besondrer Saft". Die Bibel sagt, daß es der Sitz der Seele sei.

Als die Erde im Prozeß der Verdichtung war, wurde sie von der unsichtbaren Aura der Planeten Mars, Merkur und Venus durchdrungen, und die sie bewohnenden Geister kamen in besondere und nahe Beziehung zur Menschheit. Eisen ist ein Mars-Metall, und durch Beimischung von Eisen zum Blut wird Oxydation möglich gemacht; so wurde die innere Wärme, die für die Kundgebung eines innewohnenden Geistes erforderlich war, durch die Tätigkeit der Luzifer-Geister des Mars erlangt. Sie sind deshalb verantwortlich für die Bedingungen, unter denen das Ego in den physischen Körper eingemauert ist.

Wenn Blut dem menschlichen Körper entzogen wird und gerinnt, hat jedes Teilchen eine besondere Form, die sich niemals in gleicher Weise bei verschiedenen Menschen wiederholt. Wer daher das Blut einer gewissen Person hat, besitzt damit ein Bindeglied zu dem Geist, der diese Blutteilchen erbaute. Er hat Macht über diesen Menschen, wenn er weiß, wie er dieses Wissen anzuwenden hat. Deshalb verlangt Mephistopheles, daß Faust mit seinem Blut unterzeichnet; denn mit dem N a m e n seines Opfers, in Blut geschrieben, konnte er nach den hierin verankerten Gesetzen die Seele seines Opfers in Banden halten.

Ja, in der Tat! Blut ist ein ganz besonderer Saft, ebenso wichtig in der weißen Magie wie in der schwarzen. Alles Wissen, in welcher Richtung es auch immer angewandt werden mag, muß sich notwendigerweise vom Leben nähren, welches ursprünglich aus dem Lebensleib herausgezogen wird, sozusagen der Geschlechtskraft und dem Blut. Jedes Wissen, das nicht so erzeugt und genährt wird, ist so tot und machtlos wie die Philosophie, die Faust aus seinen Büchern zog. Bücher allein genügen nicht. Nur in dem Maße, wie wir das Wissen in unser Leben aufnehmen, es hegen und es leben, ist es wirklich von Wert.

Aber da ist noch dieser große Unterschied zu beachten: während der Strebende in den Schulen der geheiligten Wissenschaft seine Seele aus seiner eigenen Geschlechtskraft und aus der Überwindung der niederen Leidenschaften in seinem eigenen Blute nährt, leben die Anhänger der schwarzen Schulen als Vampire von den Geschlechtskräften anderer und von dem unreinen Blut, das sie aus den Adern ihrer Opfer ziehen. In der Gralsburg sehen wir das reine und zugleich reinigende Blut Wunder tun an denen, die keusch und hohen Taten zugewandt sind. Aber im Schlosse des Herodes läßt Salome, die Personifizierung der Wollust, das von Leidenschaft erfüllte Blut wild durch die Adern der anwesenden Teilnehmer rauschen; und das Blut, das vom Märtyrerhaupt des Täufers tropft, dient dazu, ihnen die Kraft zu geben, die sie durch Leiden und Reinigung sich selber zu erringen zu feige waren.

Faust beabsichtigt, sich auf schnellstem Wege Macht zu erwerben durch die Hilfe anderer. Damit berührt er einen gefährlichen Punkt, genau wie jeder es heutzutage tut, der hinter sich selbst so bezeichnenden „Adepten" oder „Meistern" herläuft, die bereit sind, den niedrigsten Begierden der von ihnen angeführten Gimpel Vorschub zu leisten — gegen eine Entschädigung — genau so, wie Mephistopheles sich anbietet, Faust dienen zu wollen. Aber sie können keine Seelenkraft geben, wieviel sie auch fordern mögen. Die kommt von innen durch geduldiges Ausharren im Guten, eine Tatsache, die nicht oft genug wiederholt werden kann.

V

SEINE SEELE DEM TEUFEL VERKAUFEN II

In einer Stimmung, die ihn rücksichtslos gegen sich selber handeln läßt, gibt Faust auf Mephistopheles' Forderung, den Vertrag zwischen ihnen mit Blut zu unterzeichnen, eine hochfahrende Antwort in folgenden Worten:

„Nur keine Furcht, daß ich dies Bündnis breche!
Das Streben meiner ganzen Kraft
Ist grade das, was ich verspreche.
Ich habe mich zu hoch gebläht;
In deinen Rang gehör ich nur.
Der große Geist hat mich verschmäht,
Vor mir verschließt sich die Natur.
Des Denkens Faden ist zerrissen,
Mir ekelt lange vor allem Wissen.
Laß in den Tiefen der Sinnlichkeit
Uns glühende Leidenschaften stillen!
In undurchdrungenen Zauberhüllen
Sei jedes Wunder gleich bereit!
Stürzen wir uns in das Rauschen der Zeit,
Ins Rollen der Begebenheit!"

Von den Mächten, die das Gute wirken, abgewiesen, doch entflammt von dem Wunsche nach Wissen aus erster Hand, nach wirklicher Macht, ist er bereit, das Äußerste zu wagen. Aber GOTT sagt im Prolog:

„Ein guter Mensch in seinem dunklen Drange
Ist sich des rechten Weges wohl bewußt."

Faust ist die strebende Seele, und die Seele kann nicht für immer vom Wege der Evolution abgetrennt werden.

Die Angabe seines Zweckes trägt in sich die Versicherung, daß Faust ein hohes Ideal hat, auch wenn er durch Schlamm watet — er hungert nach Erfahrungen:

> „Du hörest ja, von Freud' ist nicht die Rede.
> Dem Taumel weih ich mich, dem schmerzlichsten Genuß,
> Verliebtem Haß, erquickendem Verdruß.
> Mein Busen, der vom Wissensdrang geheilt ist,
> Soll keinen Schmerzen künftig sich verschließen,
> Und was der ganzen Menschheit zugeteilt ist,
> Will ich in meinem innern Selbst genießen,
> Mit meinem Geist das Höchst' und Tiefste greifen,
> Ihr Wohl und Weh auf meinen Busen häufen."

Bevor jemand wahres Mitleid empfinden kann, muß er fühlen können, wie Faust zu fühlen wünscht; er muß die Tiefen menschlichen Leidens ebenso gut kennen wie die höchsten Entzückungen der Freude. Denn nur, wenn wir diese Extreme menschlicher Leidenschaften erlebten, haben wir das volle Mitgefühl, das erforderlich ist, der Menschheit zum Aufstieg zu verhelfen. Durch Luzifers Hilfe wird Faust instand gesetzt, beides zu lernen, Freuden und Leiden, und so ist Mephistopheles in der Tat, wie er sagt:

> „... Ein Teil von jener Kraft,
> Die stets das Böse will und stets das Gute schafft."

Durch den Eingriff der Luzifer-Geister in den Aufbau der Evolution wurden die Leidenschaften der Menschheit erweckt, wuchsen an wie ein Meer und wurden in ein Bett geleitet, aus dem alles Leiden und alle Krankheit der Welt in die Menschheit fließt. Nichtsdestoweniger haben sie die Individualität des Menschen erweckt und ihn von der Herrschaft der Engel befreit. Auch Faust wird durch die Hilfe Mephistopheles' von den herkömmlichen Wegen weggeführt und dadurch individualisiert. Im Vertragsabschluß zwischen Faust und Mephistopheles haben wir ein Abbild des Verhältnisses der Söhne Kains zu den Luzifer-Geistern, deren Nachkommen und Beauftragte sie sind, wie wir in „Freimaurerei und Katholizismus" gesehen haben.

In der Tragödie von Faust gehört Margarete zu der Schar der Söhne Seths, zur Priesterschaft, wie sie in der Freimaurer-Legende beschrieben wird. Die beiden Klassen, von Faust und Margarete vertreten, werden sogleich einander gegenübergestellt, und zwischen ihnen spielt sich die Tragödie des Lebens ab. Aus den Leiden, die sich für den einen wie für den anderen aus diesem Treffen ergeben, wachsen der Seele Flügel, die sie zurücktragen werden zu den Gefilden der Seligkeit, aus denen sie ihren Ausgang nahm. Unterdessen führt Mephistopheles Faust zur Hexenküche, wo er einen Verjüngungstrank genießen soll, damit er in neuer Jugend Margarete wohlgefallen und ihre Wünsche erregen möge.

Wenn Faust auf der Bühne aufgeführt wird, ist die Hexenküche voll von allem möglichen Gerät, von dem man annimmt, daß es in der Magie Verwendung findet. Ein Höllenfeuer brennt unter einem Kessel, in dem Liebestränke gebraut werden, und vieles ist dort phantastisch. Wir können die Gegenstände übergehen, ohne sie auch nur zu erwähnen, aber in bezug auf die Affenfamilie können wir mit Gewinn in Erwägung ziehen, was sie zu bedeuten habe und werden finden, daß sie eine Phase der Menschheitsentwicklung darstellt.

Erfüllt von einer Leidenschaft, die ihr von Luzifer-Geistern oder gefallenen Engeln eingeflößt war, fiel die Menschheit von den göttlichen Herrschern ab, die Jehova anführte. Als Folge der verhärtenden Kraft der Begierden waren sie bald in „Röcke von Fell" gehüllt und einer vom anderen getrennt. In dem Maße, wie man sich dem Nadir der Materialität näherte, verdrängte Selbstsucht die Gefühle der Brüderlichkeit. Einige waren leidenschaftlicher als die andern, daher kristallisierten ihre Körper in höherem Grade. Sie degenerierten und wurden Affen. Ihre Größe verringerte sich ebenfalls als sie sich der Grenze näherten, an der die Gattung, als rückständig und herrschenden Lebensgesetzen nicht mehr angepaßt, auslöschen mußte. Sie sind daher als die speziellen Truppen der Luzifer-Geister anzusehen. So zeigt uns die Faust-Mythe eine Phase der menschlichen Evolution, die in der Maurer-Legende nicht enthalten ist, und gibt uns einen vollständigen, abgerundeten Einblick in das, was tatsächlich geschehen ist.

Einmal stand die ganze Menschheit auf dem Punkt, an dem der Wissenschaftler heute das „fehlende Glied" vermutet. Die jetzigen Affen degenerierten von diesem Punkt, während die Menschheits-Familie zu dem heutigen Stande ihrer Entwicklung aufstieg. Wir wissen, wie Nachgiebigkeit gegen Leidenschaften den Menschen tierisch werden läßt. Daher können wir uns leicht klarmachen, daß zu einer Zeit, als der Mensch noch im Werden, unindividualisiert und unter direkter Einwirkung kosmischer Kräfte war, dieser Nachgiebigkeit keine Schranken durch ein Selbstgefühl auferlegt wurden, das ihn heute in gewissem Maße schützt. Darum waren die Folgen natürlich weitreichender und unheilvoller.

Zu irgendeiner Zeit muß die strebende Seele in die Hexenküche eintreten, wie Faust es tat, und der Lehre vom Übel und seinen Folgen ins Auge sehen, wie sie uns in der Affenstufe begegnet. Dann wird die Seele Margarete im Garten finden, wird Versucher sein und selber versucht werden, um zwischen Reinheit oder Leidenschaft zu wählen, zu fallen, wie Faust es tat, oder unerschüttert zu stehen, wie Parsifal. Unter dem Gesetz des Ausgleichs wird sie dann den Lohn ihrer Taten im Körper empfangen. In der Tat, Glück ist der Zwilling des Verdienstes, wie Mephistopheles Faust gegenüber betont, und Weisheit wird nur durch geduldige Ausdauer im richtigen Handeln erlangt.

„Wie sich Verdienst und Glück verketten,
Das fällt den Toren niemals ein,
Wenn sie den Stein der Weisen hätten,
Der Weise mangelte dem Stein."

Treu seinem Vorsatz, das L e b e n zu studieren statt der B ü - c h e r , verlangt Faust, daß Mephistopheles ihm Zutritt bei Margarete verschaffe und läßt von ihm ein fürstliches Geschenk von Kleinodien und Juwelenschmuck in ihr Zimmer bringen, um ihre Sinne zu verwirren und Liebe in ihr zu erwecken. Margaretes Bruder ist als Soldat im Felde. Ihre Mutter, unfähig zu entscheiden, was man mit der Gabe beginnen solle, bringt sie dem geistlichen Ratgeber in der Kirche. Der Letztere liebt Edelsteine mehr als die ihm anvertrauten kostbaren Seelen. Er vernachlässigt seine Pflicht wegen eines Perlenhalsbandes und ist eifriger bestrebt, sich dieses für die Ausschmückung eines Idols seiner Kirche zu sichern, als das Kind der Kirche vor moralischen Gefahren zu schützen, die es umlauern. So gewinnt Luzifer das Spiel, und schnell reift eine Ernte von Blut und Menschenseelen; denn Faust, um in Margaretes Zimmer zu gelangen, gibt dieser für ihre Mutter einen Schlaftrunk, der statt des Schlafes den Tod zur Folge hat. Valentin, Margaretes Bruder, wird von Faust im Zweikampf erschlagen. Margarete wird ins Gefängnis geworfen und zur Todesstrafe verurteilt.

Wenn wir uns daran erinnern, daß das Blut der Sitz der Seele ist, und daß die Seele am Leib eines Menschen, den ein plötzliches und vorzeitiges Ende ereilt, mit der gleichen Festigkeit hängt, wie der Kern einer unreifen Frucht dem Fruchtfleisch anhaftet, ist es leicht einzusehen, daß erhebliche Qual mit solchem Tode verbunden ist. Die Luzifer-Geister schwelgen in der Intensität der Gefühle und kommen in dieser Inbrunst zur Entwicklung. Die Art einer Erregung ist dabei, was den Zweck betrifft, nicht so wesentlich wie ihre Stärke. Darum feuern sie die Leidenschaften niederer Art an, die bei dem augenblicklichen Stande unserer Evolution heftiger sind als Gefühle der Freude und Liebe. Infolgedessen regen sie zu Krieg und Blutvergießen an und erscheinen jetzt als böse. In Wirklichkeit aber bilden sie die Stufenleiter zu höheren und edleren Idealen; denn durch Leiden, wie sie Margaretes Brust durchwühlen, steigt die Seele aufwärts und lernt den Wert der Tugend durch einen Fehltritt im Laster erkennen.

In völliger Erkenntnis dieser Tatsache schrieb Goethe die Worte:

> „Wer nie sein Brot mit Tränen aß,
> Wer nie die kummervollen Nächte
> Auf seinem Bette weinend saß,
> Der kennt euch nicht, ihr himmlischen Mächte."

VI
DER SÜNDE SOLD UND DER WEG DES HEILS

„Der Tod ist der Sünde Sold", sagt die Bibel, und wenn wir im Fleische säen, werden wir erwarten müssen, Verwesung zu ernten. Auch sollte es uns nicht überraschen, daß jemand, der negativen Charakter hat, wie die Menschenklasse, die als „Söhne von Seth" beschrieben wird und die durch Margarete im Faust vertreten ist, diesem Naturgesetze schon sehr bald zum Opfer fällt, nachdem das Maß der Sünden voll ist. Wie dieses Gesetz wirkt, zeigt die schnelle Ergreifung Margaretes wegen des Verbrechens des Muttermordes. Die entrüstete Abscheu der Kirche, die nachlässig gewesen war, sie zu behüten als es noch Zeit war, ist ein Beispiel, wie die Gesellschaft, um ihre Nachlässigkeiten zu verstecken, sich voller Entsetzen über die Verbrechen entrüstet, für die sie selber zum großen Teile verantwortlich ist.

Hätte der Priester das Vertrauen Margaretes zu gewinnen versucht, anstatt den Schatz einzuheimsen, dann hätte er sie vor dem Schicksal bewahren können, das sie ereilte, und wenn sie auch durch den Verlust des Geliebten gelitten hätte, wäre sie doch rein geblieben. Jedoch gerade durch die Intensität des Leidens findet die Seele den Weg zurück zur Quelle ihres Wesens. Denn wir alle haben als verlorene Söhne unseren Vater im Himmel verlassen. Wir haben uns aus einem Reich des Geistes entfernt und müssen uns von den leeren Hülsen der Materie ernähren, um Erfahrung und Individualität zu erlangen.

Wenn wir im Sumpf der Verzweiflung stecken, werden wir uns unserer hohen Abstammung bewußt und rufen aus: „Ich will aufstehen und zu meinem Vater gehen". Mitgliedschaft in Kirchen oder das verstandesmäßige Studium der Mystik nach Büchern bringt nicht die klare Vergegenwärtigung des „Wohin?", die nötig ist, ehe wir den Pfad betreten können. Aber wenn unsere Seele aller irdischen Stützen beraubt, krank und gefangen ist, dann sind wir dem Heilande näher und teurer als zu irgend einer anderen Zeit. Darum ist Margarete im Gefängnis unter Acht und Bann der Gesellschaft Gott näher als die unschuldige, schöne und reine Margarete, welche die Welt noch vor sich hatte, als sie Faust im Garten begegnete.

CHRISTUS hat keine Botschaft für jene, die zufrieden sind, die Welt lieben und ihre Wege wandeln. So lange sie in diesem Zustande sind, kann er nicht zu ihnen sprechen, und sie können seine Stimme nicht hören. Aber es liegt eine unendliche Zärtlichkeit in den Worten des Heilands: „Kommet her zu mir alle, die ihr mühselig und beladen seid; ich will euch erquicken". Die sündigende Seele, durch Margarete in der Zelle ihres Gefängnisses symbolisiert, wie sie allein steht, ausgestoßen als moralischer und sozialer Auswurf der Gesellschaft, wird angetrieben, ihre Augen himmelwärts zu richten, und ihre Gebete sind nicht vergebens. Doch selbst im letzten Augenblick befällt Versuchung die suchende Seele. Das Tor der Hölle und die Pforte des Himmels sind gleich nahe an Margaretes Gefängniszelle, wie der Besuch von Faust und Mephistopheles zeigt, die sie aus Schande und Gefangenschaft befreien und vor der Todesstrafe retten wollen. Sie zieht Gefangenschaft und Tod dem Leben und der Freiheit in der Gesellschaft Luzifers vor. So hat sie die Probe bestanden und ist befähigt zum Reich Gottes.

Salomo war der Diener Jehovas, und als ein Sohn von Seth war er an den Gott gebunden, der ihn und seine Vorfahren erschuf. Aber in einem späteren Leben, als Jesus, verließ er seinen früheren Meister bei der Taufe und empfing dann den CHRISTUS-Geist. So muß jeder Sohn von Seth eines Tages seine Hüter verlassen und sich auf die Seite des CHRISTUS schlagen, einerlei welches Opfer das im Gefolge hat, und koste es sein Leben.

Margarete tut diesen wichtigen Schritt in ihrer Gefängniszelle und erwirbt sich die Bürgerschaft für den „Neuen Himmel" und die „Neue Erde" durch den Glauben an CHRISTUS. Faust hingegen verweilt noch eine erhebliche Zeit mit dem Luzifer-Geist. Er ist ein mehr positiver Charakter, ein echter Sohn von Kain, und obgleich Tod der Sünde Sold ist, kann das Heil ihm durch eine reinere Erfassung der Liebe und durch Werke zuteil werden.

Im zweiten Teil des Faust finden wir den Helden zusammengebrochen unter der Wucht des Unheils, das durch ihn über Margarete verhängt wurde. Seine Schuld ist ihm gegenwärtig, und er beschreitet den Weg zur Erlösung. Er benutzt die Luzifer-Geister, die durch den Vertrag des Blutes an ihn gebunden sind, als Mittel, dies Ziel zu erreichen. Er wird ein bedeutender Staatsmann des Landes, dahin er reiste; denn alle Söhne Kains widmen sich mit besonderer Vorliebe der Staatskunst, während die Söhne Seths sich mehr der Kirche zuwenden.

Nicht damit zufrieden, einem anderen zu dienen, setzt Faust die Luzifer-Kräfte, die ihm gehorchen, in Bewegung, ein Land zu schaffen, es durch großartige Eindämmungsarbeiten aus dem Schoße des Meeres zu heben, eine neue Erde zu gewinnen. Er träumt einen utopischen Traum, wie das freie Land die Heimat eines freien Volkes wird, das dort in Ruhe und Frieden leben und die höchsten Ideale verwirklichen soll.

Diese Ideale der Kunst und der Wissenschaft sind in seiner Seele durch die Liebe zu Helena aufgeblüht, die die Empfangsbereitschaft der Seele für die göttlichen Einströmungen des Schönen und Wahren symbolisiert, eine geistige Liebe, die über das Geschlecht hinausweist und in der Hingabe frei ist von Leidenschaft. Als Faust das Land aus dem Meere auftauchen sieht, erblinden seine Augen, das heißt, daß er die irdische Sehkraft eintauscht gegen das himmlische Gesicht. Während er noch sieht wie Luzifer die Truppen antreibt, die von Luzifer nur geführt, ihm aber gehorchend, Tag und Nacht an seinem großen Menschheitswerke arbeiten, vergegenwärtigt sich Faust, daß er den Anspruch des Mephistopheles,

„Ein Teil von jener Kraft,
Die stets das Böse will und stets das Gute schafft..."

zu sein, wahr gemacht hat. Schon nähert sich das Werk seiner Vollendung, doch immer mehr schwindet sein Augenlicht. Mit dem heißen Verlangen, die Frucht seiner Lebensarbeit ernten zu dürfen, wünscht er, noch so lange sehen zu können, bis seine Utopien Wirklichkeit geworden. Als nun die Vision vor ihm, das aus dem Meere aufsteigende Land und die glückliche Menschheit, die es trägt, im Segen der Bruderschaft lebend, seinem verlöschenden Blick entschwindet, äußert er die schicksalsschweren Worte von dem Augenblick: „verweile doch, du bist so schön", die er in seinem Vertrag mit Luzifer als Bedingung seiner Übergabe aufgestellt hat:

„Werd ich zum Augenblicke sagen:
Verweile doch! du bist so schön!
Dann magst du mich in Fesseln schlagen,
Dann will ich gern zugrunde gehn!

> Dann mag die Totenglocke schallen,
> Dann bist du deines Dienstes frei,
> Die Uhr mag stehn, der Zeiger fallen,
> Es sei die Zeit für mich vorbei!"

Nach den Bedingungen des Vertrages sind die Kräfte der Hölle frei von ihren Verpflichtungen ihm gegenüber, sobald er den Aufschub verlangt, den Augenblick zu verweilen bittet; und er wird von jetzt an ihre Beute — wenigstens sollte man das annehmen. Aber Faust wünscht nicht den Lauf der Zeit aufzuhalten um sinnlicher Vergnügungen, selbstischer Wünsche willen, wie im Vertrage angenommen war. Das Auge des Meisters sollte dem Werk, das aus altruistischer Hingabe an höchste Menschheitsideale geboren wurde, in einer letzten Prüfung und Überschau die Weihe der Vollendung geben. Darum sollte der entschwindende Augenblick, der das irdische Augenlicht mit sich nahm, bis zu dieser Erfüllung verweilen.

So ist er in Wahrheit doch frei von Luzifer und ein Kampf zwischen Engelkräften und den Scharen der Hölle endet mit dem Triumph der ersteren, welche die suchende Seele in den Hafen der Ruhe im Königreich CHRISTI tragen mit den Worten:

> „Gerettet ist das edle Glied
> Der Geisterwelt vom Bösen:
> ‚Wer immer strebend sich bemüht,
> Den können wir erlösen.'
> Und hat an ihm die Liebe gar
> Von oben teilgenommen,
> Begegnet ihm die selige Schar
> Mit herzlichem Willkommen."

So ist der Faust der Mythe ein anderer als der Faust, den die Oper darstellt. Das Drama, das im Himmel beginnt, wo Luzifer die Erlaubnis gegeben wurde, ihn zu versuchen wie Hiob in alten Zeiten versucht wurde, endet auch im Himmel, nachdem die Prüfung zu Ende und die Seele zum VATER zurückgekehrt ist.

Goethe, der große Mystiker, weiß seine Gestaltung dieser Mythe wohl zu enden mit Worten, deren tiefe Mystik keine andere Literatur aufzuweisen hat:

„Alles Vergängliche
Ist nur ein Gleichnis;
Das Unzulängliche,
Hier wird's Ereignis;
Das Unbeschreibliche,
Hier ist's getan;
Das Ewig-Weibliche
Zieht uns hinan."

Dieser mystische Schlußchor bleibt allen unverständlich, die nicht in die Gefilde eindringen können, in denen er gesungen wird, nämlich in die himmlischen.

Er spricht von allem Vergänglichen als Gleichnis, das heißt, die materiellen Formen, die Tod und Verwandlung unterliegen, sind nur das Gleichnis der im Himmel gesehenen Urtypen. „Das Unzulängliche, hier wird's Ereignis" — das, was uns auf Erden unerreichbar erscheint, tritt uns im Himmel in Vollkommenheit entgegen. Niemand weiß das besser, als wer fähig ist, in jenen Bezirken zu wandeln und zu handeln; denn dort findet jedes hohe und erhabene Streben wirkende Erfüllung. Das „Unbeschreibliche" — Sehnen, Ideen und Erfahrungen der Seele, die sie sich selber kaum einzugestehen vermag — ist klar umrissen im Himmel: „Hier ist's getan!" Das „Ewig-Weibliche", die große Schöpferkraft Natur, der Mutter-Aspekt GOTTES, der ewig neue Gestaltung aus sich gebärend uns „hinan" zieht auf dem Wege der Evolution, wird hier zu faßbarer Wirklichkeit. So erzählt uns die Faust-Mythe*) die Geschichte des Welt-Tempels, an dem zwei Klassen von Menschen bauen, bis er endlich zum „Neuen Himmel" und zur „Neuen Erde" wird, den das Buch der Bücher prophezeit.

---

*) Vergleiche: Goethes „Faust"

PARSIFAL

VII

WAGNERS BERÜHMTES MYSTISCHES MUSIKDRAMA

Wenn wir uns im sichtbaren Universum umsehen, treten uns Myriaden von F o r m e n entgegen, und alle diese Formen haben eine gewisse F a r b e, und viele von ihnen geben einen bestimmten T o n von sich; tatsächlich tun das alle; denn Ton ist auch in der sogenannten unbelebten Natur. Der Wind in den Baumwipfeln, das Plätschern des Baches, der Wogenschwall des Ozeans sind alles Beiträge zu der harmonischen Symphonie der Natur.

Von diesen drei Attributen der Natur: Form, Farbe und Ton, ist die Form das beständigste; sie neigt dazu, erhebliche Zeit im s t a t u s q u o zu verweilen und sich nur sehr langsam zu verändern. Farbe dagegen verändert sich leichter, und es gibt einige Farben, die ihre Schattierung verändern, wenn sie in verschiedenen Winkeln zum Licht gehalten werden. Aber der Ton ist der flüchtigste von allen dreien, er kommt und geht wie ein Irrlicht, das niemand fangen oder halten kann.

Wir haben auch drei Künste, die das Gute, das Wahre und das Schöne in diesen drei Attributen der Welt-Seele auszudrücken suchen, nämlich: Bildhauerei, Malerei und Musik.

Der Bildhauer, der es mit der Form zu tun hat, sucht Schönheit an eine Marmorstatue zu binden, die den Stürmen der Zeit durch Jahrtausende hindurch standzuhalten vermag; aber eine Marmorstatue ist kalt und spricht nur zu wenigen der Höchstentwickelten, die fähig sind, die Statue mit eigenem Leben zu erfüllen.

Die Kunst des Malers wirkt vorwiegend in der Farbe. Sie gibt ihrer Schöpfung keine greifbare Form. Die Form auf einem Gemälde ist vom materiellen Standpunkt aus gesehen eine Illusion, aber sie ist für die meisten Menschen realer als die wirkliche, berührbare Statue; denn die vom Maler geschaffenen Formen sind lebendig. Es gibt in dem Gemälde eines großen Künstlers l e b e n d i g e Schönheit, eine Schönheit, die viele schätzen und genießen können.

Aber beim Gemälde kommt wieder die Veränderlichkeit der Farbe in Betracht. Die Zeit bringt ihre Leuchtkraft bald zum Verlöschen, und selbst im besten Falle kann kein Gemälde eine Statue überdauern.

Jedoch in jenen Künsten, die in Form und Farbe gestalten, gibt es nur eine einmalige Schöpfung für alle Zeiten. Das ist ihnen gemeinsam, und durch dieses unterscheiden sie sich grundlegend von der Tonkunst; denn Musik ist so flüchtig, daß sie jedesmal neu geschaffen werden muß, wenn wir sie zu genießen wünschen. Dafür hat sie aber eine Kraft, zu a l l e n menschlichen Wesen in einer Weise zu sprechen, die weit über die beiden anderen Künste hinausgeht. Sie kann unsere größten Freuden steigern, unser tiefstes Leid beschwichtigen, sie kann die Leidenschaft der bewegten Brust zur Ruhe bringen und den größten Feigling zur Tapferkeit anfeuern. Sie hat den mächtigsten Einfluß, die Menschheit zu lenken; und doch ist sie, vom rein materiellen Standpunkt aus gesehen, überflüssig, wie Darwin und Spencer gezeigt haben.

Nur wenn wir hinter die Bühne des Sichtbaren treten und erfahren, daß der Mensch ein zusammengesetztes Wesen ist: Geist, Seele und Körper, sind wir fähig zu verstehen, warum wir durch die Erzeugnisse dieser drei Künste in so verschiedener Weise angesprochen werden.

Während der Mensch ein äußeres Leben in der Welt der Form führt, in der er als Form unter anderen Formen lebt, führt er auch ein i n n e r e s Leben, das viel wichtiger für ihn ist; ein Leben, in dem seine Gefühle, Gedanken und Regungen vor seinem „inneren Gesicht" Bilder und Szenen erschaffen, die immer wechseln. Und je reicher dieses innere Leben ist, desto weniger wird ein Mensch es nötig haben, außerhalb seiner selbst Gesellschaft zu suchen; denn er ist sich selbst die beste Gesellschaft. Er ist unabhängig von äußeren Vergnügungen, die so eifrig von jenen gesucht werden, deren inneres Leben arm ist, und die eine Menge Menschen kennen, die sich aber selber fremd sind, weil sie ihre eigene Gesellschaft fürchten.

Wenn wir dieses innere Leben analysieren, werden wir feststellen, daß es zweifältig ist: 1. Das Seelenleben, das mit den G e f ü h l e n und G e m ü t s r e g u n g e n zu tun hat; 2. Die Tätigkeit des Ego, das alle Handlungen durch die G e d a n k e n lenkt.

Genau wie die materielle Welt die Vorratskammer, aus der das Material für unseren dichten Körper bezogen wurde, vorwiegend die Welt der Form ist, so gibt es eine Seelen-Welt, von den Rosenkreuzern Empfindungs-Welt genannt, welche die Grundlage ist, aus der das feine Gewand des Ego bezogen wurde; und diese Welt ist insbesondere die Welt der Farbe. Aber die noch feinere Welt der Gedanken ist die Heimat des menschlichen Geistes, des Ego, und zugleich das Reich der Töne. Darum hat von den drei Künsten Musik die größte Macht über den Menschen; denn während wir im irdischen Leben stehen, sind wir in der Verbannung von unserer himmlischen Heimat und haben sie oft über dem materiellen Vorhaben vergessen, aber dann kommt Musik, ein zarter Hauch, beladen mit unsagbaren Erinnerungen. Wie ein Echo der Wirklichkeit erinnert sie uns an das vergessene Land, in dem alles Friede und Freude ist, und mögen wir auch in unserem materiellen Sinn solche Gedanken von uns weisen, das Ego erkennt in jedem gesegneten Ton einen Boten der Heimat und frohlockt in ihm.

Diese Vergegenwärtigung des Wesens der Musik ist notwendig für die richtige Wertschätzung eines so großen Meisterwerkes wie Richard Wagners „Parsifal", in dem die Musik und die Charaktere miteinander verbunden sind wie in keinem anderen modernen Musikwerk.

Wagners Drama gründet sich auf die Legende von Parsifal, eine Legende, deren Ursprung in das Mysterium gehüllt ist, das die Kindheit der menschlichen Rasse überschattet. Es ist ein Irrtum zu denken, daß eine Mythe ein Machwerk menschlicher Einbildungskraft ist und einer tatsächlichen Grundlage entbehrt. Im Gegenteil, eine Mythe ist ein Schrein, der zu Zeiten die tiefsten und kostbarsten Juwelen geistiger Wahrheit bewahrt, Perlen der Schönheit, so selten und ätherisch, daß sie dem materiellen Intellekt nicht zugänglich sind. Um sie zu schützen, ihnen aber gleichzeitig zu erlauben, auf die Menschheit für deren geistige Höherentwicklung einzuwirken, geben die Großen Lehrer, welche die Evolution unsichtbar, aber wirksam leiten, der heranwachsenden Menschheit die geistigen Wahrheiten. Diese sind in die bildhafte Symbolik der Mythen gekleidet, damit sie auf unsere Gefühle wirken mögen bis zu jener Zeit, da unser sich entfaltender Intellekt genügend entwickelt und vergeistigt sein wird, so daß wir sowohl zu fühlen als auch zu wissen vermögen.

Nach demselben Prinzip geben wir unsern Kindern Morallehren in Bilderbüchern und Märchen, das direkte Lernen auf spätere Jahre hinausschiebend.

Wagner tat mehr, als daß er nur die Legende kopierte. Legenden, wie alles andere, verlieren ihre Schönheit und werden abgegriffen in der Weitergabe. Und es ist ein weiterer Beweis von Wagners Größe, daß er in seinem Ausdruck niemals durch Glaubensbekenntnis oder Mode gebunden war. Er nahm immer das

Vorrecht der Kunst in Anspruch, die Allegorien uneingeschränkt und frei anzuwenden.

In „Religion und Kunst" stellt er fest: „Man könnte sagen, daß da, wo die Religion künstlich wird, der Kunst es vorbehalten ist, den Geist der Religion zu retten, indem sie die mythischen Symbole, welche die erstere im eigentlichen Sinne als wahr geglaubt wissen will, ihrem sinnbildlichen Werte nach erfaßt, um durch ideale Darstellung derselben die in ihnen verborgene tiefe Wahrheit erkennen zu lassen. ... Während dem Priester alles daran liegt, die religiösen Allegorien für tatsächliche Wahrheiten angesehen zu wissen, kommt es dagegen dem Künstler hierauf ganz und gar nicht an, da er offen und frei sein Werk als seine Erfindung ausgibt. Die Religion aber ist zu einem künstlichen Leben herabgesunken, wenn sie sich gezwungen sieht, das Gebäude ihrer dogmatischen Symbole zu erweitern und so die eine göttliche Wahrheit unter einer immer größer werdenden Anhäufung von Unglaubwürdigkeiten in sich verbirgt, die sie dem Glauben des Einzelnen überläßt. Dies fühlend, hat sie immer die Hilfe der Kunst gesucht, die auf ihrer Seite verblieben ist, unfähig zu einer höheren Evolution, solange sie jene angebliche Wirklichkeit dem Gläubigen in Form von Fetischen und Idolen vorsetzen muß. Ihre wahre Berufung könnte sie nur erfüllen, wenn sie durch eine ideale Darstellung des allegorischen Bildes zu einem Verständnis des inneren Kerns führen würde — der unaussprechlich göttlichen Wahrheit."

Wenn wir uns einer Betrachtung des Dramas Parsifal zuwenden, finden wir, daß die Eingangs-Szene in die Waldgründe des Schlosses Mont Salvat gelegt ist. Dies ist ein Ort des Friedens, an dem jedes Leben heilig ist; die Tiere und Vögel sind zahm. Denn wie alle wahrhaft heiligen Männer ist die Ritterschaft harmlos; sie tötet weder, um zu essen, noch aus Jagdgelüsten. Sie wendet den Grundsatz „leben und leben lassen" auf alle Lebewesen an.

Es ist Morgendämmerung, und wir sehen Gurnemanz, den ältesten der Gralsritter, mit zwei Knappen unter einem Baume liegend. Sie sind gerade von ihrer Nachtruhe erwacht, und in der Ferne erspähen sie Kundry, die auf einem wilden Roß herangaloppiert. In Kundry sehen wir ein Wesen doppelter Natur: Einmal ist sie Dienerin des Grals, willig und eifrig bemüht, die Interessen der Gralsritter mit allen ihr zu Gebote stehenden Mitteln zu fördern; dies scheint ihr wahres Wesen zu sein. In ihrer zweiten Natur ist sie der unwillige Sklave des Zauberers Klingsor und wird von ihm gezwungen, die Gralsritter, denen zu dienen ihre Sehnsucht ist, zu versuchen und zu belasten. Das Tor von dem einen Zustand in den anderen ist „Schlaf", und sie ist dem Dienste dessen verfallen, der sie findet und weckt. Wenn Gurnemanz sie findet, ist sie die willige Dienerin des Grals, aber wenn Klingsor sie mit bösem Zauber zu sich beschwört, hat er Anspruch auf ihre Dienste, ob sie will oder nicht.

Im ersten Akt ist sie in ein Gewand von Schlangenhäuten gekleidet, symbolisch für die Lehre der Wiederverkörperung; denn so wie die Schlange die Haut wechselt, Gewand nach Gewand ablegt, das aus ihr selber hervorging, so bringt das Ego auf seiner Pilgerreise der Evolution einen Körper nach dem andern aus sich hervor, jeden Träger abschüttelnd, wie die Schlange sich ihrer Haut entledigt, wenn sie verhärtet und kristallisiert wurde, so daß sie ihren Nutzen verlor. Diese Idee ist auch mit der Lehre vom Gesetz der Ursache und Wirkung verbunden, das uns das ernten läßt, was wir säten. Gurnemanz gibt den Knappen auf die Äußerung ihres Mißtrauens gegenüber Kundry den Hinweis:

„Ja, eine Verwünschte mag sie sein.
Hier lebt sie heut —
Vielleicht erneut,
Zu büßen Schuld aus frührem Leben,
Die dorten ihr noch nicht vergeben.

> Übt sie nun Buß' in solchen Taten,
> Die uns Ritterschaft zum Heil geraten,
> Gut tut sie dann und recht sicherlich,
> Dienet uns — und hilft auch sich."

Als Kundry auf der Bühne erscheint, nimmt sie von ihrem Busen ein Fläschchen, das sie, wie sie sagt, aus Arabien geholt hat, und das, wie sie hofft, einen Balsam für die Wunde in des Königs Amfortas Seite enthält, die ihm unaussprechliche Qual verursacht und nicht heilen will. Der leidende König wird dann auf die Bühne getragen, hingestreckt auf einer Bahre. Er ist auf dem Wege zu seinem täglichen Bade im nahegelegenen See, auf dessen Wasser zwei Schwäne schwimmen. Die dem Wasser von den Schwänen mitgeteilte Heilkraft lindert seine Schmerzen. Amfortas dankt Kundry, aber äußert die Meinung, daß es für ihn keine Heilung gibt bis der Erlöser kommt, von dem der Gral prophezeit: „Durch Mitleid wissend, der reine Tor". Doch glaubt Amfortas, daß der Tod vor der Befreiung kommen würde.

Amfortas wird weitergetragen, und vier der jungen Knappen scharen sich um Gurnemanz und bitten ihn, die Geschichte vom Gral und von Amfortas' Wunde zu erzählen. Sie lagern sich unter dem Baume, und Gurnemanz beginnt:

„Eines Nachts, als unser Herr und Heiland, CHRISTUS Jesus, das letzte Mahl mit seinen Jüngern nahm, trank Er den Wein aus einem bestimmten Kelch, der später von Josef von Arimathia gebraucht wurde, um das Lebensblut aufzufangen, das aus der Wunde in des Erlösers Seite strömte. Er behielt auch die blutige Lanze, die Ihm die Wunde geschlagen hatte, und rettete diese Reliquien durch viele Gefahren und Verfolgungen. Schließlich nahmen Engel sie in ihre Obhut und bewachten sie bis eines Nachts ein mystischer Bote von Gott vor Titurel, Amfortas' Vater, erschien und ihm gebot, ein Schloß zu bauen für den Empfang und zur Aufbewahrung dieser Heiligtümer. So wurde die Burg Mont Salvat a u f e i n e m h o h e n B e r g e erbaut, und die Reliquien weilten dort unter der Obhut Titurels und einer Schar heiliger und keuscher Ritter, die er zu sich herangezogen und als Wächter bestellt hatte. Sie wurde ein Mittelpunkt, von dem mächtige geistige Einflüsse in die Außenwelt strömten.

Es lebte in jenem heidebewachsenen Tal ein schwarzer Ritter, der nicht keusch war, der aber wünschte, ein Gralsritter zu werden. Zu diesem Zwecke entmannte er sich. Er beraubte sich der Fähigkeit, seine Leidenschaft zu befriedigen, aber seine Leidenschaft bestand fort. König Titurel sah sein Herz von schwarzen Wünschen erfüllt und verweigerte ihm die Aufnahme. Da schwor Klingsor, daß, wenn er nicht dem Gral dienen dürfe, der Gral ihm dienen solle. Er baute ein Schloß mit einem Zaubergarten, ließ Mädchen von blendender Schönheit dort wohnen, duftend und schillernd wie Blüten, und diese lauerten den Gralsrittern auf, die an dem Schloß vorbei mußten auf dem Wege zum Mont Salvat, sie verführend, ihre Gelübde zu brechen, und ihre Keuschheit bedrängend. So wurden sie Gefangene von Klingsor, und nur wenige verblieben als Hüter des Grals.

Inzwischen hatte Titurel sein Wächteramt seinem Sohne Amfortas übertragen, und dieser, den schweren Schaden erkennend, den Klingsor der Ritterschaft zufügte, beschloß auszuziehen, um mit ihm zu kämpfen. Aus diesem Grunde nahm er den heiligen Speer mit.

Der schlaue Klingsor trat Amfortas nicht selbst entgegen, sondern erweckte Kundry und verwandelte sie aus der abschreckenden Gestalt, in der sie als Dienerin des Grals erschien, in ein Weib von überirdischer Schönheit. Unter Klingsors Zauber begegnete sie Amfortas und versuchte ihn. Er erlag und sank in ihre Arme, der heilige Speer entglitt seiner Hand. Da erschien Klingsor, ergriff den Speer und brachte dem waffenlosen Amfortas eine tiefe Wunde bei. Ohne die heroischen Anstrengungen von Gurnemanz wäre Amfortas als Gefangener in das Zauberschloß gebracht worden. Nun hat Klingsor den heiligen Speer in seinem Besitz, und der König ist mit Krankheit geschlagen; denn die Wunde will nicht heilen."

Die Knappen springen auf und geloben in heiligem Eifer, daß sie Klingsor besiegen und den Speer zurückerobern wollen. Gurnemanz schüttelt traurig sein Haupt und sagt ihnen, daß die Aufgabe über ihr Vermögen ginge, aber er wiederholt die Prophezeiung, daß Erlösung kommen würde von einem, der „Durch Mitleid wissend, der reine Tor" sei.

In diesem Augenblick hört man die Rufe: „Ein Schwan! Ein wilder Schwan! Er ist verwundet!" Und ein Schwan flattert über die Bühne und fällt zu Gurnemanz' und der Knappen Füße tot nieder. Sie geraten durch diesen Anblick in große Aufregung. Andere Knappen bringen einen hochgewachsenen Jüngling heran, der mit Bogen und Pfeilen bewaffnet ist. Gurnemanz stellt an ihn die Frage: „Bist du's, der diesen Schwan erlegte?" Parsifal bestätigte: „Gewiß! Im Fluge treff ich, was fliegt." Darauf erzählt ihm Gurnemanz von dem leidenden König und welche Rolle der Schwan spielte bei der Bereitung des heilenden Bades. Parsifal ist tief bewegt während der Erzählung und zerbricht seinen Bogen.

In allen Religionen wird geistiger Einfluß symbolisch als Vogel dargestellt. Bei der Taufe, als der Körper von Jesus im Wasser war, stieg der Geist des CHRISTUS herab in ihn in Gestalt einer Taube. „Der Geist schwebte auf den Wassern" wie die Schwäne auf dem See unter Yggdrasil, dem Lebensbaum der nordischen Mythologie, schwimmen oder auf den Wassern des Sees in der Grals-Legende. Der Vogel ist deshalb eine direkte Darstellung höchsten geistigen Einflusses, und mit Recht mögen die Ritter trauern bei dem Verlust. Es gibt wenigstens sieben gültige Deutungen für jede Mythe, eine für jede Welt, und von der materiellen Seite wörtlich genommen, bedeutet das Zerbrechen des Bogens aus dem Beweggrunde des in Parsifal entglommenen Mitleides einen entscheidenden Schritt für das höhere Leben.

Keiner kann wirklich mitleidend und ein Helfer in der Evolution sein, wenn er tötet, um zu essen, sei es in Person oder durch Stellvertretung. **Das harmlose Leben ist eine absolut wesentliche Vorbedingung für das Leben als Helfer.**

Gurnemanz beginnt dann, den Jüngling zu befragen: „Wo bist du her?", „Wer ist dein Vater?", „Wer sandte dich dieses Weges?" und „Dein Name denn?". Auf alle diese Fragen antwortet er: „Das weiß ich nicht." Parsifal zeigt erstaunlich große Unwissenheit. Gurnemanz befragt ihn weiter:

>„Nun sag! Nichts weißt du, was ich dich frage:
>Jetzt meld, was du weißt;
>Denn etwas mußt du doch wissen."

Darauf sagt Parsifal:
>„Ich hab eine Mutter; Herzeleide sie heißt:
>Im Wald und auf wilder Aue waren wir heim."

Gurnemanz ist erstaunt darüber, daß ihn seine Mutter nicht lehrte, bessere Waffen zu führen als gerade Pfeil und Bogen. Als Parsifal schweigt, fällt schließlich Kundry ein und sagt:

>„Den Vaterlosen gebar die Mutter,
>Als im Kampf erschlagen Gamuret;
>Vor gleichem frühen Heldentod
>Den Sohn zu wahren, waffenfremd
>In Öden erzog sie ihn zum Toren — die Törin!"

Und Parsifal fährt fort:
>„Ja! Und einst am Waldessaume vorbei,
>Auf schönen Tieren sitzend,
>Kamen glänzende Männer;
>Ihnen wollt' ich gleichen:
>Sie lachten und jagten davon.
>Nun lief ich nach, doch konnt' ich sie nicht erreichen.
>Durch Wildnisse kam ich, bergauf, talab

> Oft ward es Nacht, dann wieder Tag:
> Mein Bogen mußte mir frommen
> Gegen Wild und große Männer..."

In dieser Geschichte haben wir ein ausgezeichnetes Bild vom Suchen der Seele nach den Wirklichkeiten des Lebens. Gamuret und Parsifal sind verschiedene Phasen im Leben der Seele. Gamuret ist der weltliche Mensch, doch im Verlauf der Zeit verbindet er sich mit Herzeleide. Er begegnet der Sorge und stirbt der Welt ab, wie wir alle es tun, wenn wir in ein höheres Leben eingetreten sind. Während das Lebensschiff auf sonnenbeschienenen Meeren dahintreibt und unser Dasein ein einziges großartiges heiteres Lied zu sein scheint, gibt es keinen Ansporn, sich dem Höheren zuzuwenden; jede Faser in unserem Körper jauchzt: „Dies ist mir genug." Aber wenn die Wogen des Unglücks uns umtosen und jede folgende Welle uns zu verschlingen droht, dann sind wir der Gemahl von Herzeleide und werden der Mann der Sorgen; dann sind wir bereit, als Parsifal geboren zu werden, als reiner Tor oder als die Seele, welche die Weisheit der Welt vergessen hat und nach dem höheren Leben sucht. So lange ein Mensch nur danach strebt, Geld anzuhäufen oder sich ein begehrliches Leben zu schaffen, paßt auf ihn die falsche Bezeichnung der Weisheit als weise im weltlichen Sinne; aber wenn er sein Antlitz den geistigen Dingen zuwendet, wird er ein Tor in den Augen der Welt. Er vergißt sein vergangenes Leben und läßt seine Sorgen hinter sich wie Parsifal Herzeleide verließ, und es wird uns gesagt, daß sie starb als Parsifal nicht zu ihr zurückkehrte. So stirbt das Leid, wenn es der strebenden Seele, die vor der Welt flieht, zur geistigen Geburt verholfen hat; sie mag wohl in der Welt sein, um ihre Pflichten zu erfüllen, aber sie ist nicht von der Welt.

Gurnemanz ist nun durchdrungen von dem Gedanken, daß Parsifal der Erlöser von Amfortas werden soll, und nimmt ihn mit hinauf in die Gralsburg. Auf Parsifals Frage: „Wer ist der Gral?" antwortet er:

> „Das sagt sich nicht;
> Doch bist du selbst zu ihm erkoren,
> Bleibt dir die Kunde unverloren. —
>   Und sieh!
> Mich dünkt, daß ich dich recht erkannt:
> Kein Weg führt zu ihm durch das Land,
> Und niemand könnte ihn beschreiten,
> Den er nicht selber möcht' geleiten."

Hier werden wir von Wagner in vorchristliche Zeiten zurückversetzt; denn vor der Ankunft CHRISTI war die Einweihung nicht frei für jeden, „der nur immer wollte", vorausgesetzt, daß er auf die rechte Weise suchte, sondern sie war gewissen Auserwählten vorbehalten, so wie Brahmanen, Leviten, solchen, denen besondere Vorrechte zugebilligt wurden, weil sie sich dem Tempel-Dienst geweiht hatten. Das Kommen des CHRISTUS jedoch prägte gewisse entscheidende Veränderungen in die geistige Struktur der Menschheit, so daß nunmehr alle fähig sind, den Pfad der Einweihung zu beschreiten. Dies ist tatsächlich der Fall seit internationale Heiraten das Kastenwesen ablösten.

In der Gralsburg wird Amfortas von allen Seiten gedrängt, das heilige Ritual des Gralsdienstes zu vollziehen, den heiligen Kelch zu enthüllen, damit sein Anblick den Eifer der Ritter erhöhen möge und sie zu Taten im Geistigen anfeuere; aber er schreckt davor zurück aus Furcht vor den Schmerzen, die dieser Anblick ihm verursachen wird. Jedesmal beginnt die Wunde an seiner Seite von neuem zu bluten beim Anblick des Grals, wie uns die Wunde der Reue peinigt, wenn wir uns an unserem Ideal versündigten. Schließlich jedoch gibt er den vereinten dringenden Bitten seines Vaters und der Ritterschaft nach. Er vollzieht das heilige Ritual, obgleich er dabei in Todesqual zu vergehen meint. Und Parsifal, der abseits steht, e r l e b t   m i t -

fühlend den gleichen Schmerz, ohne sich klarmachen zu können, weshalb das so ist. Und als Gurnemanz ihn eindringlich nach der Weihehandlung fragt, nach dem, was er sah, bleibt er stumm und wird von dem enttäuschten Alten ärgerlich aus dem Schlosse gewiesen.

Gefühle und Gemütserregungen, die nicht durch Wissen geleitet werden, sind fruchtbare Quellen für die Versuchung. Die Harmlosigkeit und Arglosigkeit einer strebenden Seele läßt sie oft eine leichte Beute für die Sünde werden. Es ist nötig für das Seelenwachstum, daß Versuchungen an uns herantreten, um unsere schwachen Seiten hervorzukehren. Fallen wir, so leiden wir, wie Amfortas es tat, aber der Schmerz entwickelt das Gewissen und gibt Abscheu vor der Sünde. Jedes Kind ist **unschuldig**, weil es noch nicht versucht wurde. Aber erst wenn wir versucht wurden und rein blieben, oder wenn wir gefallen sind, bereut und wieder gut gemacht haben, indem wir uns besserten, sind wir **tugendhaft**. Darum muß Parsifal versucht werden.

Im zweiten Akt sehen wir, wie Klingsor Kundry zu sich heraufbeschwört; denn er hat Parsifal erspäht, der sich seinem Schlosse nähert, und ihn fürchtet er mehr als alle andern, die kommen, weil **er ein Tor ist**. Ein weltlich-weiser Mann fällt leicht in die Schlingen der Blumen-Mädchen, aber Parsifals Arglosigkeit behütet ihn. Und als die Blumen-Mädchen ihn umdrängen, fragt er unschuldig: „Wie duftet ihr hold! Seid ihr denn Blumen?" Ihm gegenüber sind die überlegenen Ränke der Kundry vonnöten, und obgleich sie fleht, Einspruch erhebt, sich auflehnt, ist sie gezwungen, Parsifal zu versuchen und erscheint deshalb als ein Weib von auserlesener Schönheit, das Parsifal beim Namen ruft. Dieser Name wühlt in seiner Brust die Erinnerungen der Kindheit auf an die Liebe seiner Mutter. Kundry fordert ihn auf, sich an ihre Seite zu setzen und beginnt vorsichtig, auf seine Gefühle Einfluß zu nehmen, indem sie in seinem Gedächtnis Bilder und Gesichte der Liebkosungen seiner Mutter wachruft und Visionen des Schmerzes heraufbeschwört, die sie bei seinem Fortgang überfielen und ihr Leben beendeten. Dann spricht sie ihm von der anderen Liebe, die ihn zu ergänzen vermag, von der Liebe des Mannes zum Weibe, und schließlich drückt sie einen langen, leidenschaftlich glühenden Kuß auf seine Lippen.

Dann ist eine Stille, tief und schrecklich, als ob das Geschick der ganzen Welt in diesem feurigen Kusse entschieden werden solle. Und als Kundry Parsifal in ihren Armen hält, vollzieht sich in seinem Gesicht eine allmähliche Veränderung, es wird schmerzverzogen. Plötzlich springt er auf, als ob dieser Kuß sein ganzes Wesen mit einem jähen Schmerz durchdrungen habe, die Linien seines blassen Gesichtes verschärfen sich, beide Hände sind fest gegen sein klopfendes Herz gepreßt, als wollten sie eine entsetzliche Todesqual zurückdrängen — der Grals-Kelch erscheint vor seinem inneren Gesicht und mit ihm auch Amfortas in derselben Todesqual. Da schreit er auf:

> „Amfortas! — —
> Die Wunde! — Die Wunde! —
> Sie brennt in meinem Herzen. —
> Oh, Klage! Klage!
> Furchtbare Klage!
> Aus tiefstem Herzen schreit sie mir auf.
> Oh! — Oh!
> Elender! Jammervollster!
> Die Wunde sah ich bluten: —
> Nun blutet sie in mir! —
> Hier — hier!
> Nein! Nein! nicht die Wunde ist es.
> Fließe ihr Blut in Strömen dahin!
> Hier! Hier im Herzen der Brand!
> Das Sehnen, das furchtbare Sehnen,
> Das alle Sinne mir faßt und zwingt!
> Oh! — Qual der Liebe! —

> Wie alles schauert, bebt und zuckt
> In sündigem Verlangen! ..."

Nun weiß er, wie alle Welt aufgepeitscht, zerfleischt, zuckend, sich in der schrecklichen Herzensleidenschaft windet und sich in Schande verliert.

Aber nun gibt es kein Zaudern mehr; Parsifal ist erwacht. Er weiß Recht vom Unrecht zu scheiden und antwortet Kundry:

> „In Ewigkeit
> Wärst du verdammt mit mir
> Für eine Stunde
> Vergessens meiner Sendung
> In deines Arms Umfangen! —
> Auch dir bin ich zum Heil gesandt, — —"

Und sinngemäß fährt er fort:
„Auch dich zu retten vom Fluch der Leidenschaft; denn **die Liebe, die in dir brennt, ist nur sinnlicher Natur und zwischen ihr und der wahren Liebe des reinen Herzens gähnt ein Abgrund, tief wie der Schlund zwischen Himmel und Hölle!**"

Wieder versuchte ihn Kundry:

> „So war es mein Kuß,
> Der welthellsichtig dich machte?
> Mein volles Liebesumfangen
> Läßt dich dann Gottheit erlangen!"

Als Kundry sich schließlich geschlagen bekennen muß, verfällt sie in großen Zorn. Sie ruft Klingsor zur Hilfe herbei. Er erscheint mit dem heiligen Speer, den er mit voller Wucht gegen Parsifal schleudert. Doch Parsifal ist reinen Herzens und schlägt keine Wunden. So kann auch ihm kein Leid geschehen. Der Speer schwebt, statt ihn zu verwunden, ruhig über seinem Haupte. Er ergreift ihn, macht das Zeichen des Kreuzes mit ihm, und Klingsors Schloß und der Zaubergarten sinken in Trümmer.

Der dritte Akt beginnt mit einem Karfreitagmorgen; viele Jahre später. Gurnemanz erscheint mit Kundry. Er hatte sie in einem Dickicht ganz erstarrt und leblos gefunden und geweckt. Ein von langer Reise staubbedeckter Ritter in schwarzer Rüstung betritt den Boden von Mont Salvat. Es ist Parsifal. Er stößt den Speer vor sich in den Boden, legt Schild und Schwert davor, nimmt den Helm ab und kniet nieder zum Gebet. Andachtsvoll erhebt er den Blick zur Lanzenspitze. Jetzt erst erkennt ihn Gurnemanz, heißt ihn voller Freude willkommen und fragt ihn, woher er komme.

Er hatte dieselbe Frage bei Parsifals erstem Besuch gestellt, und die Antwort war damals: „Das weiß ich nicht." Ganz anders ist es dieses Mal, denn Parsifal antwortet: „Der Irrnis und der Leiden Pfade kam ich".

Das erste Ereignis schildert einen der Einblicke, welche die Seele in bezug auf die Wirklichkeit des höheren Lebens erhascht, aber das zweite ist das bewußte Erreichen einer höheren Stufe geistiger Tätigkeit, die der Mensch erlangt, der sich durch Sorgen und Leiden entwickelt hat. Parsifal fährt fort zu erzählen, wie er oft von Feinden schwer bedrängt wurde und sich hätte retten können, wenn er den Speer gebraucht hätte, aber er unterließ dies, weil dieser Speer ein Werkzeug zum Heilen sei, nicht zum Verwunden. Der Speer ist die geistige Macht, die reinem Herzen und reinem Leben gegeben wird, aber sie darf nur für selbstlose Zwecke verwendet werden. Unreinheit und Leidenschaft verursachen den Verlust dieser Macht, wie es bei Amfortas der Fall war. Obgleich der Mensch, der sie besitzt, sie unter Umständen benutzen mag, um fünftausend Hungrige zu speisen, darf er nicht einen einzigen Stein in Brot verwandeln, um seinen eigenen Hunger zu stillen; und obgleich er sie gebrauchen mag, um das Blut zu stillen, das vom abgetrennten Ohr des Häschers fließt, darf er sie nicht anwenden, das Lebensblut aufzuhalten, das aus seiner eigenen geöffneten Seite rinnt. Es wurde immer von solchen, die sie recht gebrauchten, gesagt: „Andern hat er geholfen und kann (oder will) sich selber nicht helfen".

Parsifal und Gurnemanz treten nun in die Grals-Burg ein, in der Amfortas gezwungen wird, das heilige Amt zu versehen, der sich aber weigert, um sich selber die Schmerzen zu ersparen, die ihm der Anblick des Heiligen Grals verschafft. Er entblößt seine Brust und fleht seine Anhänger an, ihn zu töten. In diesem Augenblick schreitet Parsifal auf ihn zu und berührt die Wunde mit dem Speer, die dadurch heilt. Er entthront jedoch Amfortas und übernimmt selber das Wächteramt des Heiligen Grals und des heiligen Speers. Nur diejenigen, welche die vollkommenste Selbstlosigkeit, verbunden mit der genauesten Unterscheidung erworben haben, sind geeignet, geistige Macht zu besitzen, die der Speer symbolisiert. Amfortas würde sie gebraucht haben, um einen Feind anzugreifen und zu verwunden. Parsifal würde sie nicht einmal zur Verteidigung gebrauchen. **Darum ist er fähig zu heilen**, während Amfortas in die Grube fiel, die er für Klingsor gegraben hatte.

In diesem, dem letzten Akt, sagt Kundry, die das niedere Selbst darstellt, nur ein Wort: „Dienen". Sie hilft Parsifal, dem Geist, durch sie vollkommen dienen zu können. Im ersten Akt verfiel sie in **Schlaf** als Parsifal zum Gral einging. Auf dieser Stufe kann der Geist sich nicht himmelwärts aufschwingen, außer, wenn der Körper schlafend liegt oder stirbt. Aber im letzten Akt geht Kundry, der Körper, mit hinein in die Gralsburg; denn er ist dem höheren Selbst geweiht. Und hat der Geist, wie Parsifal, das Ziel erreicht, hat er die Befreiung erlangt, von der es in der Offenbarung (3, 12) heißt: „Wer überwindet, den will Ich machen zum Pfeiler in dem Tempel meines GOTTES, und er soll nicht mehr hinausgehen; ...". Ein Solcher wird von den höheren Welten aus für die Menschen wirken: Er braucht keinen physischen Körper mehr. Er steht außerhalb des Gesetzes der Wiedergeburt, und darum stirbt Kundry.

Oliver Wendell Holmes gibt in seinem schönen Gedicht „Die Kammern des Nautilus" der Idee eines beständigen Fortschritts in nach und nach besser werdenden Trägern und einer endlichen Befreiung Ausdruck. Der Nautilus baut seine spiralförmige Schale in begrenzten Abteilungen und verläßt immer die kleineren, denen er entwachsen ist.

> Des Tieres stilles Werk, so schimmernd klar,
> Erglänzt hier Jahr um Jahr.
> Doch keine Windung faßt
> Im nächsten Jahr den unruh'vollen Gast,
> Er stahl sich durch des Bogenganges Glast,
> Er baut sein müß'ges Tor.
> Wuchs mit dem neuen Heim, das alte er verlor.
>
> Armselig Kind der sturmbewegten Flut!
> Dein unverzagter Mut
> Mir Himmelsbotschaft bringt.
> Ein rein'rer Ton sich deinem Mund entringt,
> Dem stummen, als aus Tritons Horn erklingt!
> Mir tönt in deinem Wort
> Gedankentiefen zwingend, eine Stimme fort:
>
> Die nied're Wölbung der Vergangenheit
> Im Lauf der flücht'gen Zeit
> Verlaß, o Seele mein!
> Laß jeden Tempel edler, größer sein,
> Durch weit're Bogen sieh des Himmels Schein,
> Den Weg zur Freiheit geh.
> Die enge Hülle bleibe an des Lebens wilder See.

DER RING
DES NIBELUNGEN

VIII

DIE RHEINTÖCHTER

Wiederholung ist der Grundton des Lebensleibes, und der Extrakt des Lebensleibes ist die Verstandesseele, welche wiederum die Nahrung des Lebensgeistes ist, des wahren CHRISTUS-Prinzips im Menschen. Da es die besondere Aufgabe der westlichen Welt ist, dieses CHRISTUS-Prinzip zu entwickeln, den CHRISTUS im Innern zu gestalten, damit Er durch die materielle Dunkelheit der Gegenwart hindurch scheinen möge, ist Wiederholung der Ideen absolut notwendig. Unbewußt gehorcht die ganze Welt diesem Gesetz.

Wenn die Presse darauf ausgeht, gewisse Ideen der öffentlichen Meinung einzupflanzen, dann wird nicht erwartet, daß dieses mit einem einzigen Leitartikel getan ist, wie machtvoll er auch geschrieben sein mag, sondern durch täglich wiederkehrende Artikel wird allmählich die gewünschte Stimmung in der Öffentlichkeit geschaffen. Zweitausend Jahre hindurch ist aus der Bibel das Prinzip der Liebe Sonntag für Sonntag, Tag für Tag von Hunderttausenden von Kanzeln gepredigt worden. Der Krieg ist noch nicht abgeschafft, aber das Gefühl zu Gunsten des Weltfriedens verstärkt sich mit der Zeit. Diese Predigten haben nur einen ganz geringen Eindruck gemacht, was die Welt im Ganzen betrifft, wie mächtig bewegt eine besondere Versammlung vielleicht auch sein konnte, während sie stattfanden; denn derjenige Teil des zusammengesetzten Menschen, der vorübergehend durch sie beeindruckt und aufgewühlt wurde, ist der Empfindungsleib.

Der Empfindungsleib ist eine spätere Erwerbung als der Lebensleib, daher noch nicht so kristallisiert und aus diesem Grunde leichter empfänglich für Eindrücke. Da er von feinerem Gefüge als der Lebensleib ist, vermag aber er die Eindrücke nicht so lange zu bewahren. Die so leicht erregten Gefühle lösen sich ebenso schnell wieder auf. Eine sehr kleine Veränderung nur vollzieht sich am Lebensleibe, wenn Ideen und Ideale durch die aurische Hülle in ihn hineinsickern, aber was er aufnimmt durch Studium, Predigten, Vorlesungen oder eigenes Lesen ist von dauerhafter Natur, und viele Vorstöße in der gleichen Richtung schaffen Eindrücke, die mächtig, je nach ihrer Natur, eine Haltung zum Guten oder zum Bösen bestimmen.

Um in den Segen dieses Gesetzes sich anhäufender Einwirkungen zu treten, wollen wir das Studium einer anderen Seelen-Mythe aufnehmen, die unter einem anderen Blickwinkel Licht auf das Geheimnis von Sein und Leben wirft, so daß wir gründlicher als bisher lernen können, woher wir gekommen sind, warum wir hier sind, und wohin wir gehen.

Wie bereits gesagt, sind alle Mythen Träger geistiger Wahrheiten, die eingekleidet in Allegorie und Symbol als Bild vor uns hintreten und daher von uns aufgenommen werden können, ohne begriffen zu sein. Wie Märchen ein Mittel zur Aufklärung von Kindern sind, so wurden diese großen Mythen benutzt, der kindlichen Menschheit geistige Wahrheit zu übermitteln.

Der Gruppen-Geist wirkt auf die Tiere durch deren Begierdenkörper, indem er Bilder heraufruft, die den Tieren ein Gefühl dessen, was zu tun ist, gleich einer Suggestion eingeben. So legten die in den Mythen enthaltenen allegorischen Bilder im Menschen die Grundlage zu seiner gegenwärtigen und zukünftigen Entwicklung. Diese Mythen wirkten in seinem Unterbewußtsein und brachten ihn in seinen heutigen Zustand. Ohne diese Vorbereitung wäre er unfähig gewesen, das Werk zu vollführen, an dem er jetzt arbeitet.

Noch heute arbeiten diese Mythen, um uns für die Zukunft vorzubereiten, aber einige Menschen stehen mehr unter ihrer Einwirkung als andere. Der Weg der Kaiserreiche und Zivilisationen folgte dem Laufe der Sonne von Osten nach Westen, und in der Äther-Atmosphäre der Pazifischen Küste sind diese mythischen Bilder fast verblaßt; der Mensch berührt die geistigen Wahrheiten direkter. Weiter nach Osten, besonders in Europa, finden wir noch die Atmosphäre des Mystizismus über dem Lande brüten. Da lieben die Leute die alten Mythen, die zu ihnen in einer Weise reden, die dem Bewohner des Westens unbegreiflich ist. Das Seelenleben der Leute zwischen den Fjorden und Fjells Norwegens, den Heide- und Moorlandschaften Schottlands, in den tiefen Weltabgeschiedenheiten des Schwarzwaldes und umgletscherten Alpentälern ist heute noch ebenso tief und mystisch wie vor tausend Jahren. Sie sind durch ihr Gefühl in engerer Berührung mit Naturgeistern und mit der Wirklichkeit von Fabelwesen als wir, die wir durch direktes Wissen auf dem Pfade des Strebens vorangeschritten sind. Wenn wir diese Gefühle zurückrufen und mit unserem Wissen verbinden, werden wir einen gewaltigen Fortschritt gemacht haben. Wir wollen daher versuchen, eine der tiefsten mystischen Erzählungen der Vergangenheit in uns aufzunehmen, „Der Ring des Nibelungen", das große epische Gedicht des nördlichen Europa. Es berichtet über die Geschichte des Menschen von der Zeit an als er in Atlantis lebte bis zu der Zeit, da die jetzige Welt ihr Ende in einem Riesenbrande gefunden haben und das Himmelreich errichtet sein wird, wie es die Bibel voraussagt.

Die Bibel beschreibt uns den Garten Eden, in dem unsere ersten Eltern in enger Berührung mit GOTT lebten, rein und unschuldig wie Kinder. Sie berichtet uns wie dieser Seinszustand aufgehoben wurde und wie Sorge, Sünde und Tod in die Welt kamen. In alten Mythen, wie „Der Ring des Nibelungen", werden wir auch mit einer Menschheit bekannt gemacht, die unter ähnlichen Bedingungen kindlicher Unschuld dahinlebte. Die Eingangsszene des Dramas von Wagner zeigt das Leben unter den Fluten des Rheines, in denen die Rheintöchter in rhythmischer Bewegung umherschwimmen mit einem Lied auf ihren Lippen, das wallende Wogen der tanzenden Wellen nachahmend. Das Wasser wird erhellt durch einen großen Klumpen glänzenden Goldes, den die Rheintöchter umkreisen wie Planeten die Zentral-Sonne; denn wir haben hier die mikrokosmische Antwort auf den Makrokosmos, wo die Himmelskörper um den zentralen Lichtgeber in majestätischem Tanze kreisen.

Die Rheintöchter stellen die primitive Menschheit dar zu der Zeit, als sie auf dem heutigen Grunde des Ozeans in der dichten Nebelatmosphäre von Atlantis wohnte. Das Gold, das die Szene erhellt wie die Sonne unser Sonnensystem, ist ein Abbild des Universal-Geistes, der damals über der Menschheit brütete. Wir sahen in dieser Zeit nicht alles in scharfen, klaren Umrissen wie wir heute die Gegenstände um uns herum sehen; aber unsere innere Wahrnehmung der seelischen Eigenschaften anderer war viel genauer als sie es jetzt ist.

Der inzwischen individualisierte Geist fühlt sich selbst als ein Ego und bezeichnet sich als „Ich" in scharfer Unterscheidung von allen anderen, aber dieses trennende Prinzip war noch nicht in die Kinder-Menschheit der frühen Atlantis eingezogen. Wir hatten damals kein Gefühl von „ich" und „du"; wir fühlten uns als eine große Familie, als Kinder des göttlichen Vaters. Wir sorgten uns nicht mehr um unser Essen und Trinken als sich heute Kinder um die materiellen Bedürfnisse des Lebens kümmern. Zeit war für uns ein großes Spiel und Fröhlichkeit.

Aber dieser Zustand konnte nicht andauern, oder es hätte keine Evolution gegeben. Wie das Kind heranwächst, um als Mann oder Frau den Platz im Lebenskampfe einzunehmen, war auch die primitive Menschheit dazu bestimmt, ihr Geburtshaus im Tiefland zu verlassen und durch die anwachsenden Wasser von Atlantis hinaufzusteigen als die Nebel in der Atmosphäre kondensierten und die Bassins der Erde überfluteten. Die sich entwickelnde Menschheit trat daraufhin in die luftgeprägten Lebensbedingungen ein, in denen wir heute leben, wie es auch von den alten Israeliten gesagt wurde, die durch das Rote Meer zogen, um in das gelobte Land einzutreten und von Noah, der seine bisherige Heimat verließ, als die Flutwasser herabzufallen begannen.

Die Mythe des Nordens erzählt uns die Geschichte auf eine andere Weise, aber obgleich die Blickwinkel der Anschauung verschieden sind, bringen die Hauptpunkte der Erzählung doch dieselben grundlegenden Ideen heraus. Im Garten Eden waren unsere ersten Eltern nicht selbstdenkend. Sie gehorchten, ohne zu fragen, allen Befehlen ihrer göttlichen Anführer genau wie ein kleines Kind das tut, was seine Eltern wünschen, weil es noch kein Selbstgefühl hat. Dieses wurde der Bibel gemäß erlangt als Luzifer ihnen die Idee einflößte, daß sie den Göttern gleich werden und gut und böse erkennen könnten.

In der Teutonischen Mythe wird uns gesagt, daß Alberich, eines dieser Kinder des Nebels (Nibel ist Nebel, ung bedeutet Junges oder Abkömmling, Kind — so wurden sie genannt, weil sie in der nebeligen Atmosphäre von Atlantis lebten), nach dem Golde Gelüste trug, das mit strahlendem Glanz im Rhein leuchtete. Er hatte gehört, daß, wer immer das Gold erlangen und zu einem Ringe formen könnte, dadurch fähig würde, die Welt zu erobern und alle anderen zu beherrschen, die nicht den Schatz besaßen. Deshalb schwamm Alberich zu dem großen Felsen, auf dem das Gold lag, ergriff es und schwamm eilends an die Oberfläche, verfolgt von den Rheintöchtern, die in großer Betrübnis waren über den Verlust des Schatzes.

Als der Dieb Alberich die Oberfläche des Wassers erreicht hatte, hörte er eine Stimme zu ihm sagen, daß keiner das Gold zum Ringe zu biegen vermöge, wie es erforderlich sei, um die Welt zu beherrschen, es sei denn, er schwöre der Liebe ab. Dies tat er augenblicklich, und von jener Zeit an begann er, die Erde ihres Schatzes zu berauben und seine Gelüste nach Macht und Reichtum zu befriedigen.

Wie bereits gesagt, versinnbildlicht das Gold in seinem ungestalteten Zustand, wie es auf dem Felsen im Rheine lag, den Universal-Geist, der nicht ausschließliches Eigentum von irgendjemand ist; und Alberich stellt die Fortgeschrittensten der Menschheit dar, angetrieben von dem Verlangen, neue Welten zu erobern. Sie wurden als erste von dem innewohnenden Geist beseelt und wanderten aus in die obenliegenden Hochländer; aber als sie einmal in der klareren Atmosphäre der arischen Kultur waren, der Welt wie wir sie heute kennen, sahen sie sich klar und deutlich als getrennte Einheiten. Jeder vergegenwärtigte sich, daß seine Interessen von denen anderer verschieden waren, daß er, um Erfolg zu haben und die Welt für sich zu gewinnen, allein stehen müsse, daß er rücksichtslos gegen andere seinen eigenen Vorteil wahrzunehmen habe. So zog der Geist einen Ring um sich selbst, und alles im Innern des Ringes war „ich" und „mein", eine Auffassung, die ihn zum Gegner der anderen machte. Um diesen Ring zu bilden und einen Mittelpunkt für sich zu haben, war es nötig, der Liebe abzuschwören. So, und nur so, konnte er die Interessen anderer in einer Weise mißachten, die ihn gedeihen und die Welt beherrschen ließ.

Alberich ist jedoch nicht der Einzige in seinem Verlangen, einen Ring um sich zu ziehen, um Macht zu gewinnen. „Wie unten so oben" und umgekehrt, sagt das hermetische Grundsetz. Auch die Götter entwickeln sich. Auch sie haben Machtbestrebungen — den Wunsch, einen Ring um sich zu ziehen — denn es ist Krieg im Himmel wie auf Erden. Verschiedene Kulte suchen die Seelen der Menschen zu beherrschen, und ihre Abgrenzungen werden ebenfalls durch Ringe symbolisiert.

IX

DER RING DER GÖTTER

Indem das Ego sich einen Teil des Rheingoldes, das den Universal-Geist versinnbildlicht, zu eigen machte und in die Gestalt eines Ringes brachte, symbolisch für die Tatsache, daß Geist nicht Anfang hat noch Ende, trat es als ein getrenntes Sein oder Wesen in Erscheinung. Innerhalb der Grenzen dieses aurischen Ringes ist das Ego selbstherrliche Oberhoheit und weist alle Anmaßungen von anderer Seite auf seinen Grund und Boden zurück. Auf diese Weise begab es sich fort aus dem Schoße der Gemeinschaft und stellte sich darüber hinaus. Wie der verlorene Sohn zog es vom Vater weg. Aber noch bevor es erkannte, daß es sich von den leeren Hülsen der Materie nährte, griff die Religion ein, um das Ego zurückzuführen zu seiner ewigen Heimat, es von Täuschung, Illusion und Irrtum, den Begleiterscheinungen der Existenz im Materiellen, zu befreien, um es vom Tode zu erlösen, den es im Zustand dichtester Verkörperung sich zuzog, und ihm den Weg zur Wahrheit und zum ewigen Leben zu zeigen.

In der teutonischen Mythe sind die Hüter der Religion als Götter dargestellt. Der Höchste unter ihnen ist Wotan, identisch mit dem lateinischen Merkur (mercredi — französisch: Mittwoch), und Wotanstag (wednesday — englisch: Mittwoch) heißt es heute noch zu seinen Ehren. Freia, die Venus des Nordens, war die Göttin der Schönheit, die den anderen Göttern die goldenen Äpfel zu essen gab, die ihnen ihre Jugend erhielten. Der Freitag ist ihr Tag. Von Thor, dem Jupiter der Nordmannen, wurde gesagt, daß er mit seinem Wagen über den Himmel fährt. Das Geräusch der Räder ist der Donner, und die Blitze sind die Funken, die von seinem Hammer fliegen, wenn er seine Feinde schlägt (Donnerstag — schwedisch: Torsdag, englisch: thursday, deutsch: ehemals Donarstag). Loge ist der Name des Gottes für den Sonnabend (Lördag — schwedisch, herleitend von lue, dem skandinavischen Namen für Flamme oder Lohe). Er ist in Wirklichkeit keiner von den Göttern, sondern mit den Riesen oder Naturkräften verwandt. Seine Flamme ist nicht nur die physikalische Erscheinung der Flamme, sondern auch ein Symbol der Illusion, und er selbst ist der Geist der Täuschung, des Betruges, der sich manchmal bei den Göttern einschmeichelt und die Riesen verrät, zu anderen Zeiten aber die Götter hinters Licht führt und den Riesen hilft, seine eigenen Projekte vorwärts zu bringen. Wie Luzifer, der feurige Mars-Geist, ist er auch ein Geist der Verneinung, aber es ist ihm auch Genuß, dem Leben Hemmungen zu bereiten wie der kalte Saturn.

In der nordischen Mythologie finden wir eine Anspielung auf einen noch früheren Kult, in dem die Gottheiten des Wassers verehrt wurden. Aber die Götter, die wir erwähnen, verdrängten diese, und es heißt, daß sie täglich zum Gerichtssitz über die Regenbogenbrücke, Bifrost genannt, ritten. Das läßt uns erkennen, daß diese Religion aus der ersten Dämmerung der gegenwärtigen Epoche stammt als die Menschheit aus den Wassern von Atlantis in die klare Atmosphäre von Aryana aufgetaucht war, in dem wir jetzt leben, und in dem sie zum ersten Male den Regenbogen erblickte.

Es wurde Noah gesagt, der die primitive Menschheit aus der Flut herausführte, daß, solange das Zeichen des Regenbogens in den Wolken stünde, die wechselnden Jahres- und Tageszeiten,

Sommer und Winter, Nacht und Tag nicht aufhören sollten, und die nordische Mythe zeigt uns auch die bei Beginn dieser Ära an der Regenbogenbrücke versammelten Götter. Diese Brücke und die Götter bleiben bestehen bis zu dem Augenblick, in dem, am Ende dieser Phase in unserer Evolution, ein Ereignis eintreten wird, das als identisch gezeigt werden wird mit der Beschreibung, die in der christlichen Apokalypse gegeben ist, deren Erklärung durch die skandinavische Mythe eine wesentliche Hilfe erfährt.

Die WAHRHEIT ist universal und unbeschränkt. Sie kennt keine Grenzen, aber als das Ego sich in einen Ring von getrennten Trägern hüllte, die es von anderen absonderten, machte diese Abgrenzung es unfähig, die absolute WAHRHEIT zu verstehen. Darum wäre eine Religion, welche die Fülle reiner Wahrheit dargestellt hätte, den Menschen unfaßbar gewesen und ungeeignet, ihnen zu helfen. Wie ein Kind, das zur Schule geht, im ersten Jahr einige elementare Grundbegriffe lernt, um sich für die späteren komplizierteren Probleme vorzubereiten, so wurden der Menschheit Religionen der primitivsten Art gegeben, um sie über einfache Stufen zu etwas Höherem zu erziehen.

Deshalb werden die Hüter der Religion, die Götter, dargestellt, wie sie von dem Wunsche beseelt sind, eine ummauerte Festung zu bauen, damit sie sich hinter dieser Mauer verschanzen und von dort aus ihre Macht gegen die anderen Glaubensbekenntnisse richten können. Der Geist kann nicht abgegrenzt werden, ohne sich in Materialität zu verstricken; darum machen die Götter, nach dem Rat von Loge, dem Geist von Täuschung und Betrug, einen Vertrag mit den Riesen Fafner und Fasolt, die Selbstsucht darstellend, diesen Wall der Begrenzung zu errichten. Als dieser Wall die Götter umschließt, haben sie das universale Licht und Wissen verloren; deshalb erzählt uns die Mythe, daß ein Teil der Bezahlung für die Erbauer von Walhall Sonne und Mond sein sollten.

Weiterhin wird, wenn die Religion sich dergestalt hinter dem Ringwall des Dogmas abgrenzt, der Geist des Verfalls Einzug halten; darum wird auch gesagt, daß Wotan (Weisheit oder Vernunft) einwilligte, den Riesen Freia zu geben, die Göttin der Schönheit, die doch die Götter mit goldenen Äpfeln speiste, um deren Jugend zu bewahren. So hatten die Götter, indem sie auf den Rat von Loge hörten, den Geist des Betruges, ihr Licht, ihr Wissen und ihre Hoffnung auf ewige Jugend, d. h. ewige Brauchbarkeit, dahingegeben. Doch war dies, wie schon gesagt, in gewisser Weise notwendig; denn die Menschheit hätte die WAHRHEIT in ihrer Fülle nicht zu fassen vermocht: wir können sie heute noch nicht verstehen.

Die geistige Macht der Religion ist durch den magischen Stab des Aaron in der Bibel, durch den magischen Speer des Parsifal in der Grals-Mythe und durch Wotans Speer in der Nibelungensage versinnbildlicht. Um den Vertrag mit den Riesen abzuschließen, wurden magische Zeichen in den Handgriff des Speeres geritzt, der auf diese Weise in seiner Kraft geschwächt wurde. Es wird so gezeigt, daß Religion an geistiger Kraft verliert, was sie an weltlicher Macht gewinnt, wenn sie mit den Fürsten der Welt einen Handel schließt und sich den niederen Neigungen der menschlichen Natur verkuppelt.

Nach der Lehre der Nordmänner wurden nur die Helden, die in der Schlacht starben, für würdig befunden, nach Walhall gebracht zu werden. Wotan ließ nur die starken und mächtigen Krieger zu. Die an Krankheiten oder die friedlich auf ihrem Lager starben, waren verdammt zu den Bezirken von Hel, der Hölle oder Unterwelt. Darin liegt auch eine große Lehre; denn nur die Edlen und Furchtlosen, die ihre Tage auf dem Schlachtfeld des Lebens b i s z u m l e t z t e n A t e m z u g e kämpfend verbringen, sind des Fortschrittes wert. Die Saumseligen, die Ruhe und Behaglichkeit mehr als die Arbeit an ihrer Aufgabe in der Welt lieben, kommen weder in der Schule noch im Leben vorwärts. Es kommt nicht darauf an, wo wir arbeiten oder in welcher Richtung unsere Erfahrungen liegen, so lange wir uns nur getreu und unermüdlich mit den Problemen des Lebens herumschlagen, wie sie gerade vor uns hintreten. Auch genügt es nicht, wenn wir das ein oder zwei Jahre tun und dann in Untätigkeit versinken; wir müssen fortfahren zu streben und zu arbeiten bis das Tagewerk des Lebens getan ist.

So lehrt uns die alte nordische Religion dieselbe Aufgabe, die Paulus lehrte, als er den Rat gab: „Seid beharrlich im Guten". Selbst wenn wir erkennen, daß wir nicht die ganze WAHRHEIT haben, daß wir unter Beschränkungen durch Getrenntheit stehen, dem Egoismus, wie ihn der Ring des Nibelungen symbolisiert, oder unter Konfession und Konvention, wie sie im Ring der Götter dargestellt sind, so werden wir doch des Fortschreitens in späteren Zeitaltern sicher sein, wenn wir den uns zugewiesenen Platz unser Leben lang nach bestem Können ausfüllen. Wir werden einen klareren Blick durch den Schleier des Egoismus gewinnen, wenn wir willig das Leben auf uns nehmen, in das wir gestellt sind; denn die „Berichterstattenden Engel" machen keine Fehler. Sie haben uns an den Platz gestellt, an dem uns die Übung erteilt wird, die erforderlich ist, uns für einen größeren Wirkungskreis der Nützlichkeit vorzubereiten.

Aus dem, was gesagt wurde, geht hervor, daß die an das Bekenntnis gebundene Verfassung der verschiedenen Kirchen — das Bestehen auf Dogma und Ritual — nicht ein unverzeihliches Übel ist, wie es vielen scheint, sondern in Wirklichkeit eine notwendige Folgeerscheinung, die mit den Beschränkungen der materiellen Existenz, die der menschliche Geist jetzt durchläuft, verbunden ist. So kann jede Klasse in geeigneter Weise in Obhut genommen werden. Sie bekommt so viel Wahrheit, wie sie aufnehmen kann und wie ihrer gegenwärtigen Entwicklung dienlich ist. Es liegt kein Grund vor, irgend jemanden zu beklagen. Keiner kann oder wird verloren sein; denn: da wir in

GOTT leben, sind und unser Wesen haben, ist es unausdenkbar, daß ein Teil des Göttlichen Urhebers unseres Welt-Systemes aus ihm verloren sein sollte.

Während nun die große Mehrzahl der Menschheit von den orthodoxen Religionen in Obhut genommen wird, gibt es immer eine kleine Anzahl von Pionieren — solche, denen ihre Intuitionsfähigkeit von größeren ungestuften Höhen Kunde gibt, die das Sonnenlicht der WAHRHEIT jenseits des Bollwerks der Konfessionen wahrnehmen. Ihre Seelen hungern bei den leeren Hülsen der Dogmen, sie tragen glühendes Verlangen nach den Äpfeln der Jugend und der Liebe, die von den Göttern an die Riesen veräußert wurden. Selbst die Götter altern jetzt geschwinde; denn keine Religion, die der Liebe beraubt ist, kann jemals hoffen, die Menschheit lange in ihren Banden zu halten. Darum waren die Götter abermals genötigt, den Rat Loges, des Geistes des Betruges, einzuholen in der Hoffnung, durch seine Schliche sich aus der Klemme zu ziehen. Loge erzählt ihnen, wie Alberich, der Nibelung, es fertig gebracht hat, einen ungeheuren Schatz anzuhäufen, indem er seine Brüder unterjochte. Mit Einwilligung der Götter gebrauchte er betrügerische Mittel, um Alberich gefangenzunehmen und zwingt ihn, alle seine Schätze herauszugeben. Er kommt der goldgierigen Natur der Riesen entgegen, und schließlich gelingt es ihm auch, Freia loszukaufen.

So hat der Fluch des Ringes (Egoismus, Selbstsucht) auch die Götter versucht. Um des Ringes willen (der Macht) schwor Alberich, der Nibelung, der Liebe ab. Er unterdrückte seine Brüder und herrschte über sie mit eisernem Stabe. Die Hüter der Religion schworen der Liebe ab durch den Verkauf von Freia. Sie griffen sogar zum Betruge, um die Herren der Welt tributpflichtig zu machen, und als der Ring des Nibelungen in die Hand der Riesen überging, folgte ihm sein Fluch; denn ein Bruder erschlägt den anderen, um der alleinige Besitzer des Reichtums der Welt zu sein.

Die Götter haben in der Tat Freia zurückerhalten, aber sie ist nicht mehr die reine Göttin der Liebe. Sie war preisgegeben. Jetzt ist sie nur noch die Nachbildung ihres früheren Selbstes, und vermag diejenigen nicht mehr zufriedenzustellen, deren Intuition sie unter die Oberfläche sehen läßt; solche werden in der skandinavischen Mythe Wälsungen genannt. Die erste Silbe stammt von dem Worte „wählen" ab, dem skandinavischen „vaelge". Die letzte Silbe bedeutet „Abkömmlinge". Sie sind Kinder des Wunsches nach freiem Willen und freier Wahl, die ihren eigenen Weg wählen wollen, und die versuchen, der göttlichen Stimme in ihrem eigenen Innern zu folgen.

X

DIE WALKÜRE

Der zweite Teil des großen Musikdramas von Wagner, das sich auf die nördliche Mythe der Nibelungen gründet, heißt: Die Walküre. Die Träger dieses Namens waren Kinder von Wotan, wie es auch die Wälsungen waren.

Die Angemessenheit dieses Namens wird sofort sinnfällig, wenn wir in Betracht ziehen, daß die Walküre beauftragt war, in allen Schlachten zugegen zu sein, ob sie zwischen zweien oder mehreren geschlagen wurden, die Gefallenen auf ihr Roß zu setzen und sie nach Walhall zu tragen. Darum wurde ein Kampfplatz oder Schlachtfeld „Wahlstatt" genannt. Es war der Platz, an dem Wotan, der Gott, die Tapferen erwählte, die in der Schlacht, für die WAHRHEIT kämpfend, starben (wie sie es ansahen), um seine Gefährten in den Gefilden der Seligen zu sein (wie sie es auffaßten). Brünnhilde (Brunhilde), der Geist der WAHRHEIT, war die erste der Walküren, die Anführerin ihrer Schwestern, der Tugenden. Sie war die Lieblingstochter des Gottes Wotan.

Aber als die Götter sich umgrenzt und die Universalität der WAHRHEIT durch den Ring der Konfession und des Dogmas — symbolisiert durch Walhall — ausgeschlossen hatten, rebellierten die Wälsungen, die in erster Linie WAHRHEITS-Sucher waren. Sie treten unter verschiedenen Aspekten in Erscheinung, was sich durch die Namen zeigt, die man ihnen in der nordischen Mythe gibt. Die Wurzel ihres Namens ist Sieg, und es könnte nichts Passenderes geben; denn was sich ihr auch in den Weg stellen könnte, die WAHRHEIT trägt doch den Sieg davon.

Siegmund, der Tapfere, der dem Triebe, die WAHRHEIT zu suchen, unbekümmert um die Folgen nachgeht, mag als Resultat seiner Kühnheit fallen. Wir werden gleich hören wie und warum. Sieglinde, seine Schwester und später sein Weib, die in sich gleichen Drang verspürt, ihm aber nicht öffentlich zu folgen wagt, mag in Verzweiflung sterben. Sie übermittelt den Hunger nach WAHRHEIT dem Abkömmling der beiden; Siegfried, jenem, der durch Sieg zum Frieden gelangt, so daß das, was zu erfüllen der einen Generation von WAHRHEITS-Suchern mißlingt, von ihren Nachkommen vollendet wird, bis schließlich die WAHRHEIT über das Dogma triumphiert.

Man nimmt etwas vorweg, wenn man auf Ereignisse anspielt, oder sie gar erzählt, die in der wundervollen Geschichte vor uns hintreten werden, aber es läßt sich nicht zurückdrängen, den herrlichen Gedanken immer und abermals zu wiederholen: „Wir sehen es jetzt mit einem Spiegel unklar." Obwohl die Mauern und Begrenzungen des physischen Daseins uns in allen Richtungen umgeben, kommt die Zeit, da „wir erkennen, gleich wie wir erkannt sind".

Als Siegmund, vom unbezwinglichen Verlangen nach WAHRHEIT getrieben, Walhall verläßt, ist Wotan voller Zorn, und um den unabhängigen Geist der Wälsungen zu dämpfen, ordnet er die Hochzeit Sieglindes mit Hunding an, der den Geist des Herkömmlichen darstellt. Sie bricht ohnmächtig in seinen Armen zusammen; denn sie hat nicht den Mut, ihre Vorfahren zu verlassen, wie ihr Bruder es getan hatte. So ist sie ein geeignetes Symbol für solche, die, obgleich sie in ihrem innersten Herzen rebellieren, den Konventionen und Überlieferungen der Welt angehören, weil sie sich vor einer durchgreifenden Änderung, der Trennung vom Herkömmlichen, der Kirche, fürchten im Gedanken an das, was die Leute von ihnen denken. Obgleich ihnen in ihrem Innersten Gewalt angetan wird und ihre heiligsten Bestrebungen vereitelt werden, tragen sie das Joch der Konvention weiter in Gestalt der eingesetzten Kirchenordnung, um des Scheines willen.

Im Verlauf der Zeit kommt Siegmund durch Zufall in das Haus von Hunding und findet seine Schwester, die er zuerst nicht kennt. Aber nachdem sich die Geschwister erkannt haben, veranlaßt er die Schwester, mit ihm zu fliehen. Sie wissen beide, daß ihnen diese Tat, dieser Schimpf an Hunding, dem Geist des Herkömmlichen, von den Göttern nicht vergeben werden wird, und um sich für den Kampf zu rüsten, der ihnen bevorsteht, nehmen sie sich ein magisches Schwert mit, Notung genannt. Notung, das Kind der Not, das Kind des tiefsten Schmerzes, ist der Mut der Verzweiflung. Dieses Schwert ist von keinem Geringeren als von Wotan selber bis zum Heft in den Stamm von Yggdrasil hineingetrieben worden, für genau solch einen Notfall wie diesen. Damit wir völlig dieses wundervolle Symbol und die scheinbar paradoxe zwiespältige Haltung von Wotan verstehen können, wird es nötig sein, die Bedeutung von Yggdrasil, der Weltesche, dem Lebensbaum der skandinavischen Mythologie zu erklären.

Nach der Auffassung der Alten reichte dieser wundervolle Baum von der Erde bis zum Himmel. Eine seiner Wurzeln war in der Unterwelt bei Hel, einer furchtbaren Schreckgestalt, die über jene herrschte, die an Krankheiten gestorben und deshalb nicht würdig waren, mit Wotan in Walhall zu weilen. Sie stellten die Menschenklasse dar, die gleichgültig ist und es nicht für nötig hält, den Kampf des Lebens bis zuletzt aufrecht zu erhalten. Hel war eines von drei Kindern des Gottes Loki, den wir schon kennengelernt haben als Loge, den Geist des Feuers, des Betruges und der Täuschung. Seine drei Kinder waren einander ähnlich darin, daß sie immer gegen die Götter kämpften, denen das Wohlergehen der Menschen am Herzen lag.

Loki und seine Geschöpfe sind auch Symbole für die Elemente der materiellen Welt, in der allein der Tod herrscht. Hel repräsentiert die Erde und den physischen Tod. Die Midgard-Schlange, eine weitere Tochter Lokis, ist ein erstaunliches Ungeheuer, das die Erde umringelt und sich in den eigenen Schwanz beißt. Sie ist der Ozean, das Wasser. Das dritte Kind Lokis ist der Wolf Fenris, der so heimtückisch und stark ist, daß niemand ihm standhalten kann. Er stellt die Atmosphäre dar, welche die Erde umgibt, und die Winde, die nicht beherrscht werden können, also das Element Luft.

Die andere Wurzel der Weltesche Yggdrasil steht in Verbindung mit den Frost-Riesen im Chaos, genannt Hwergelmir, der brausende Kessel, das Wasser des Urwerdens, aus dem das ganze Universum entstanden ist.

Die dritte Wurzel steht in Verbindung mit den Göttern.

Unter der Wurzel bei Hel liegt Nidhog, die Schlange, und nagt an ihr. Es ist der Geist des Neides und der Bosheit, der zerstörend auf das Gute wirkt. „Nid" bedeutet Neid, und „hog" stimmt überein mit „hugga" im Schwedischen, dem deutschen „fällen". Da Yggdrasil, der offenbarte Lebensbaum, durch Liebe lebt, würden Neid und Bosheit ihn fällen und dem Tode und Hel unterwerfen können. Aber unter der Wurzel bei den Göttern ist die Quelle Urd, aus der die drei Nornen oder Schicksalsgöttinnen das Wasser des Lebens schöpfen, — den geistigen

Antrieb. Aus diesem Quell wird der Baum bewässert. Dadurch bleiben seine Zweige frisch und grün. Die Namen dieser drei Nornen sind Urd, Skuld und Verdande. Urd, die Vergangenheit, bedeutet Ur, den Anbeginn, den jungfräulichen Zustand in bezug auf den Menschen und das Universum. Sie spinnt auf ihrem Rade den Faden des Schicksals, den wir uns in der Vergangenheit schufen; und Skuld, Schuld, ist die zweite Norne, sie verkörpert die Gegenwart. Urd reicht ihr den Faden des Schicksals zu, der aus vergangenem Leben herrührt; ihn müssen wir in dieser Verkörperung entwickeln, das ist unsere Buße. Dann erhält ihn Verdande, die dritte Norne, die Werdende. Sie ist symbolisch für die Zukunft; und jedesmal, wenn der Faden des Schicksals ihr als bezahlte Schuld überreicht wird, schneidet sie ihn ab, Stück für Stück. Dieses wundervolle Symbol sagt uns, daß, wenn die Ursache, die in vergangenem Leben geschaffen wurde, sich in diesem Leben in Folgen von Ereignissen ausgewirkt hat, die Schuld für alle Zeiten gestrichen ist.

Die nordische Mythologie berichtet uns weiter, daß es außer diesen drei Haupt-Nornen noch viele andere gab. Eine von ihnen stand einer jeden Geburt vor und überwachte das Schicksal des Geborenen. Es wird uns auch gesagt, daß diese Nornen oder Schicksalsgenien nicht nach eigenem Willen handelten, sondern dem Befehl des unsichtbaren Orlog unterstanden. Der Name ist eine Verstümmelung des Wortes Ur und log = Gesetz. So sehen wir, wie das nordische Symbol uns lehrt, daß die Nornen nicht den Göttern untertan waren und unser Schicksal nicht nach Laune regiert, sondern durch ein unerbittliches Naturgesetz geregelt wird, durch das Gesetz von Ursache und Wirkung.

Unter der zweiten Wurzel, die bei den Frost-Riesen war, lag Mimirs (auch Mime genannt) Brunnen. Die Frost-Riesen oder Naturkräfte hatten schon vor der Errichtung der Erde bestanden. Sie hatten bei deren Bildung geholfen und wußten deshalb viele Dinge, die den Göttern verborgen waren. Aus diesem Grunde pflegte sogar Wotan, der Gott der Weisheit, Mimes Brunnen zu besuchen, um daraus zu trinken und so ein Wissen von der Vergangenheit zu erlangen. Er mußte auch aus der Quelle von Urd trinken, um sein Leben zu erneuern.

So sehen wir, daß die Hierarchien, die uns in unserer Entwicklung helfen, selber leben, um zu lernen; und die Tatsache, daß auch sie lernen, zeigt, warum sie zu irren geneigt sind und auch den Grund, weshalb Wotan, ihr Oberhaupt, das Schwert Notung vorgesehen hatte — den Mut der Verzweiflung —, so daß in dringendem Notfall diejenigen, gegen die er sich versah, eine Waffe haben sollten zur Verteidigung. Weit mehr könnte von der wunderbaren Weltesche Yggdrasil gesagt werden, aber der Schüler ist jetzt genügend unterrichtet, die Beziehung des Schwertes zu dem Folgenden zu verstehen.

Nachdem Siegmund und Sieglinde, bewaffnet mit dem magischen Schwert — dem Mut der Verzweiflung —, das Haus Hundings, des Geistes des Herkömmlichen, verlassen haben, bedarf es keines Befehles von Wotan, um den ergrimmten Hunding zu veranlassen, die beiden zu verfolgen mit der Absicht, sie zu vernichten. Wotan gebietet indessen Brünnhilde, der Walküre, unsichtbar bei dem Kampfe zugegen zu sein und auf Hundings Seite, der Seite des Hergebrachten und Überlieferten zu streiten. Aber der Geist der WAHRHEIT kann nicht gegen den WAHRHEITS-Sucher streiten, deshalb muß Brünnhilde schmerzerfüllt verweigern, Wotans Befehl auszuführen. Als Siegmund und Hunding zum tödlichen Kampfe zusammentreffen, und Siegmund im Begriff ist zu siegen, richtet Wotan selber seinen Speer zwischen den Kämpfenden auf. An dem Speer zerbricht das Schwert Notung und der wehrlose Siegmund fällt unter einem Streich von Hunding.

So ist die WAHRHEIT immer auf der Seite des WAHRHEITS-Suchers in seinem Kampfe gegen die herkömmlichen Standpunkte der Kirche und die gesellschaftlichen Sitten. Aber wenn die Kraft der Religion, die ihm den Mut der Verzweiflung gibt, der notwendig ist, um für seine Überzeugungen einzustehen, auf die Macht der Glaubensbekenntnisse und Dogmen stößt, die Wotans Speer symbolisiert, ist mancher ernste und tapfere Kämpfer besiegt worden, jedoch nicht überwunden. Siegmund stirbt und Sieglinde folgt ihm gebrochenen Herzens ins Grab, nachdem sie unter Brünnhildes Beistand Siegfried, den Sieger, geboren hat; denn, wie schon gesagt, der Durst nach WAHRHEIT kann, wenn er einmal empfunden wurde, nie mehr unterdrückt werden, nur die Befriedigung mag ihn zu stillen.

Indessen ist Wotan, der nicht die Macht hat, Walhall, den Ring des Dogmas, zu verlassen, gezwungen, Brünnhilde, den Geist der WAHRHEIT, von sich zu entfernen, da sie ihm nicht gehorchte. Es ist das Wesen des Dogmas, autokratisch zu sein und keinen Widerspruch zuzulassen. Letzten Endes sind jedoch alle Religionen von dem ihnen eingeborenen Geiste der Liebe durchtränkt, und so fühlt Wotan einen ihn überwältigenden Schmerz bei dem Schritt, der nötig ist, die einmal angenommene Politik fortzuführen, die ihn zwingt, den herzzerbrechenden Bitten Brünnhildes zu trotzen. Wie entsetzlich es ist, sich vom Geiste der WAHRHEIT zu trennen, fühlte keiner tiefer und bitterer als der arme, an das Dogma gebundene Wotan, der, als er Brünnhilde in die Verbannung des Schlafes versetzen muß, sagt:

> „Der Feige fliehe
> Brünnhildes Fels! —
> Denn einer nur freie die Braut,
> Der freier als ich, der Gott!"

In diesem Ausspruch erschließt er das hauptsächliche Erfordernis für das Suchen nach WAHRHEIT. „Wer nicht Vater und Mutter verläßt, kann nicht Mein Jünger werden", sagt CHRISTUS. Alle Schranken des Überlieferten und Herkömmlichen müssen für uns gefallen sein, ehe wir auf Erfolg im Suchen nach WAHRHEIT hoffen können.

XI

SIEGFRIED, DER WAHRHEITS-SUCHER

Wir haben gesehen, daß es notwendig ist, alle Schranken der Religion, der Familie, der Umgebung, und was sonst uns hinderlich ist, beiseite zu setzen, um fähig zu sein die WAHRHEIT zu ergreifen; es gibt jedoch noch ein großes Erfordernis, eines, das vielleicht im ersten mit enthalten ist. Wir hängen an unserer Religion, an unseren Freunden und unseren Familien aus Furcht, allein stehen zu müssen. Wir gehorchen dem Herkömmlichen, weil wir uns fürchten, der inneren Stimme zu folgen, die uns zu höheren Dingen treibt, die den meisten Menschen unverständlich sind. Es ist also Furcht das hauptsächliche Hindernis, das uns abhält, eine WAHRHEIT zu gewinnen und in ihr zu leben.

Das wird auch im Ring des Nibelungen gezeigt. Wotan verfügt, daß Brünnhilde, der Geist der WAHRHEIT, in Schlaf versetzt werden soll, weil er den Verlust seiner Macht befürchtet, wenn er sie zurückhält nachdem sie sich gegen seine Beschränkungen aufgelehnt hat und sich weigert, Hunding, den Geist des Herkömmlichen, zu beschützen. Mit Bedauern verkündet er ihr Urteil und sagt, daß sie im Schlaf verharren muß bis einer sie wecken wird, der freier ist als er, der Gott. „Vollkommene Liebe vertreibt die Furcht", und nur die Furchtlosen sind frei, die WAHRHEIT zu lieben und sie zu leben. Darum wird Brünnhilde auf einsamem Felsen in Schlaf versenkt. Um ihn brennt unausgesetzt ein Flammenkreis, von Loge, dem Geist der Täuschung, entzündet. Kein anderer als nur die freie, die ungefesselte und furchtlose Seele kann jemals hoffen, jenen Kreis der Täuschungen (des Herkömmlichen) zu durchbrechen, und sein Leben seiner Liebe zu dem wiedererwachten, ewig jungen und schönen Geist der WAHRHEIT zu weihen.

So endet der zweite Teil des mystischen Dramas mit dem Aufgeben der WAHRHEIT und dem Triumphe des Herkömmlichen. Konfessionen werden auf der Erde zur feststehenden Einrichtung. Siegmund, der WAHRHEITS-Sucher, liegt besiegt und tot am Boden. Sein geschwisterliches Weib, Sieglinde, hat ebenfalls ihren Forschertrieb mit dem Leben bezahlt, und es hat den Anschein als müsse Brünnhilde für immer schlafen. Die Wälsungen haben nur noch einen Vertreter, das Waisenkind Siegfried, der von seiner sterbenden Mutter Sieglinde in Mimes, des Nibelungen, Höhle zurückgelassen wurde.

Mit der Zeit jedoch wächst das Kind heran und entwickelt in jugendlicher Kraft die Stärke eines Riesen. Ebenso schön wie gut, steht er in seltsamem Gegensatz zu Mime, dem häßlichen Nibelungen, einem Zwerg, der vorgibt, sein Vater zu sein. Das zu glauben, ist Siegfried schier unmöglich; denn wenn er sich im Walde umsieht, sieht er, daß die Jungen ihren Eltern gleichen. Er allein unterscheidet sich in allem von dem, der ihn seinen Sohn nennt.

Als er in überschäumender Kraft einen Bären gefangen hat und ihn in Mimes Höhle bringt, ist Mime von Furcht beinahe gelähmt, eine Anwandlung, die Siegfried völlig unbekannt ist. Mime, der geschickteste Schmied der Nibelungen, hat Schwert um Schwert für den Gebrauch des jungen Riesen geschmiedet. Jedoch eines nach dem andern wurde von dem kraftvollen Arm, der es führte, zerbrochen. Mime hat sogar versucht, das Schwert Notung, das Kind der Not, zusammenzuschweißen, das in dem verhängnisvollen Kampf zwischen Siegmund und Hunding am Speere Wotans zerbrochen war. Die Stücke dieses Schwertes wurden von Sieglinde in Mimes Höhle gebracht, aber k e i n e r, der ein Feigling ist, kann dieses Schwert, Notung, den Mut der Verzweiflung, schmieden oder führen. Darum ist dies Mime, ungeachtet seiner sonstigen Geschicklichkeit, bei jedem Versuche mißlungen. Eines Tages, als Siegfried ihn wegen seiner Unfähigkeit, ein haltbares Schwert zustande zu bringen, verspottet, bringt ihm Mime die Stücke von Notung und sagt ihm, daß, wenn er es schweißen könne, dieses ihm wohl auch dienen möchte. Da Siegfried die Haupteigenschaft des WAHRHEITS-Suchers, Furchtlosigkeit, besitzt, vollendet er mit ungeübter Hand, was Mime mißlang. Er schmiedet von neuem das magische Schwert und ist so für die Suche nach WAHRHEIT und Wissen gerüstet.

Obgleich Zeitalter vergangen sind seit Alberich, der Nibelung, gezwungen war, den Ring als Lösegeld für die Götter herzugeben, haben weder er noch sein Stamm die Macht vergessen, die mit seinem Besitze verknüpft war. Die Sehnsucht, den verlorenen Schatz wiederzugewinnen, lebt noch in ihnen allen. Denn die Menschheit, der Geistigkeit und Freiheit eingeboren sind, wird sich niemals mit dem Verlust der Individualität aussöhnen, auf den die Herrschaft der Kirche besteht, und die Sehnsucht, den verlorenen Schatz wiederzugewinnen, ist noch in allen lebendig. Obwohl ihr gleich Mime unbezwingliche Furcht innewohnen mag, obgleich sie kriechen und winseln mag vor höheren Mächten, wie Alberich vor Wotan, bewußt oder unbewußt, die Menschen erinnern sich immer ihres geistigen Erbes und sind bestrebt, ihren Zustand als in Freiheit Handelnde zurückzugewinnen, ungebunden durch Glaubensbekenntnisse oder andere Beschränkungen.

Zur Erreichung dieses Zieles machen sie in der scharfsinnigsten Weise Entwürfe und Pläne, wie durch die Hilfe symbolisiert wird, die Mime Siegfried angedeihen läßt, um aufs neue das von Wotan zerschlagene Schwert zu schmieden. Er weiß, daß Fafner, einer der Riesen, der den Ring von den Göttern empfing, in Gestalt eines riesigen, Entsetzen erregenden Drachens Wache haltend über dem Schatze brütet. Er hält es kaum für möglich, daß irgend jemand das Ungeheuer besiegen kann, aber er glaubt, daß, wenn es doch geschehen kann, der furchtlose junge Riese Siegfried der Einzige ist, die Tat zu vollbringen. Es ist gesagt worden, daß der, welcher Notung schweißt, ihn fällen wird, und Mime vertraut seiner Arglist und hofft, daß, wenn Siegfried den Drachen schlägt, er, Mime, in den Besitz des Ringes des Nibelungen gelangen und so zum Herrn der Welt werden könne.

Es liegt eine tiefe geistige Bedeutung in dieser Erzählung, nämlich die von der niederen Natur des Menschen, die Pläne schmiedet, das höhere Selbst für ihre eigenen schlechten Zwecke zu gebrauchen. Siegfried (er, der durch Sieg den Frieden gewinnt) ist das höhere Selbst auf jener Stufe seiner Pilgerschaft, auf der es ganz allein gelassen wird ohne Verwandte oder Bekannte, — auf der es erkennt, daß die Erdengestalt, symbolisiert durch Mime, keinen Teil an ihm hat, sondern von ganz anderer Rasse und Art ist, — auf der es bereit ist, seine Suche nach WAHRHEIT fortzusetzen, die es in vergangenen Menschenleben in Angriff nahm wie Siegmund und Sieglinde, von denen es den unbeugsamen Mut erbte, der weder Furcht noch Niederlage kennt.

Aber wenn auch die suchende Seele die Welt aufgibt wie Herzeleide, die Mutter Parsifals, die den WAHRHEITS-Sucher in einem dichten Wald gebar, und wie Sieglinde, die das Kind Siegfried in Mimes Höhle zur Welt brachte, die niedere Natur folgt ihr dahin nach und ist darauf bedacht, geistige Macht zu weltlichen Zwecken zu gebrauchen. Wie viele haben leider wegen des vorgeschriebenen Bekenntnisses die Kirchen in Verzweiflung verlassen — so wie Siegmund Wotan verließ —, die gewisse Kenntnis über höhere Dinge erlangten und dann ihre himmlischen Kräfte der Hypnose und Gedankensuggestion mißbraucht haben, um die Güter dieser Welt an sich zu ziehen, indem sie eher irdische Dinge erstrebten, welche die Seele fesseln, als die Schätze des Himmels, die sie befreien.

Es gab noch kein Zeitalter auf der Erde, in dem gerade dieser Akt der großen Mythe so allgemein zur Aufführung kam unter den Menschen wie eben heute. Es gibt Tausende von Leuten, die in sich selber Siegfried und Mime darstellen, wie z. B. Dr. Jekyl und Mr. Hyde*). Sie haben sich innerlich schon mehr oder weniger zu einer gewissen Verwirklichung der geistigen Kräfte ihrer göttlichen Natur und deren Eigenschaften gleich Siegfried erhoben, aber die niedere Seite ihrer Natur, Mime, fährt fort, sie materiellen Zwecken nutzbar zu machen.

Und ob wir diesen Gebrauch göttlicher Kräfte christlich nennen oder mit irgend einem anderen Namen, er entspricht nicht der Wissenschaft der Seele. Wir sollten ehrlich gegen uns selbst sein und die Tatsache anerkennen, daß Er, der keinen Platz hatte, wohin Er sein Haupt legen konnte, und der die Verkörperung der anziehend wirkenden CHRISTUS-Kraft war, es ablehnte, diese Kraft zu seinem eigenen Nutzen anzuwenden. Selbst im Augenblick des Todes widerstand Er, und es wurde von Ihm gesagt, daß Er anderen half, sich selber aber nicht helfen konnte (nicht wollte), weil das Gesetz des Opfers größer ist als das Gesetz der Selbsterhaltung, denn: „Was hülfe es dem Menschen, so er die ganze Welt gewönne und nähme doch Schaden an seiner Seele?"

In dem Augenblick, da wir uns ernstlich auf den Pfad begeben, ist über unsere niedere Natur trotz aller Anstrengungen und Listen, sich selber zu retten, das Urteil gefällt. Als Mime plant, Siegfried gegen den Drachen Fafner, den Geist der Begierde, auszusenden, hat er tatsächlich sein eigenes Geschick besiegelt; denn wenn die Seele den Wunsch nach weltlichem Besitz

---

*) Englische Romancharaktere.

besiegt, sind wir tot für die Welt, selbst wenn wir noch hier leben und unsere Arbeit in der Welt tun. Wir sind dann in der Welt, aber nicht von der Welt.

Von Mime geführt, findet Siegfried den Riesen Fafner, der die Höhle bewacht, in der er den Hort der Nibelungen verborgen hat. Die niedere Natur überredet immer die höhere, nach dem materiellen Reichtum der Welt zu trachten und dadurch Macht und Stellung zu erlangen. Die Begierde, der Durst nach Reichtum und Macht ist leider viel zu allgemein. Wir sind alle wie Mime bereit, unser Leben auf der Suche nach Gold aufs Spiel zu setzen. Und obgleich Mime bei dem bloßen Gedanken, in der Nähe des schrecklichen Drachens zu sein, zittert, fährt er fort, Pläne zu schmieden; denn er weiß: wenn das Ego, das der Ring des Nibelungen versinnbildlicht, so verstrickt in die Schlingen der Stofflichkeit ist, daß vom Körper gesagt werden könnte, er habe es zu eigen, wenn alle seine Energien von der niederen Natur geleitet werden, dann gibt es keine Grenze für die Macht, die er erreichen könnte. Siegfried aber, der furchtlose WAHRHEITS-Sucher, erschlägt, nachdem er den Drachen, der die Begierdennatur darstellt, besiegt hat, auch Mime, das Symbol für den dichten, materiellen Körper.

Von der Schwere der irdischen Hülle befreit, ist der Geist fähig, die Sprache der Natur zu verstehen. Intuitiv fühlt er, wo die WAHRHEIT, Brünnhilde, die Walküre, verborgen ist und folgt dieser Eingebung. Diese Intuition spricht in der Mythe zu ihm als die Stimme eines Vogels, und auf ihre Weisung begibt er sich auf den Weg nach dem flammenumgürteten Felsen, um dort die schlafende Schöne zu wecken und zu freien. Aber wenn wir auch, indem wir den physischen Leib überwinden und beherrschen, in die Bezirke eindringen können, in denen die WAHRHEIT zu finden ist, ist der Pfad dahin doch keineswegs offen. Denn Wotan, der Wächter des Bekenntnisses, streckt seinen Speer über Siegfrieds Weg und versucht bis aufs letzte, den unabhängigen WAHRHEITS-Sucher zu entmutigen und von seinem Vorhaben abzubringen. Jedoch die Macht des Bekenntnisses, symbolisiert durch Wotans Speer, wurde geschwächt als er mit den Riesen verhandelte; mit anderen Worten, als sie sich der niederen Seite der menschlichen Natur zuwandte. Zum Zeichen dieser Schwächung wurden magische Runen in den Schaft des Speeres geritzt. Dieser wird deshalb leicht in Stücke zerschlagen bei dem ersten Hieb von Notung, dem Mut der Verzweiflung.

Wenn der WAHRHEITS-Sucher so weit gekommen ist wie hier beschrieben, kann keine Macht der Welt seinem Streben Einhalt gebieten, seien es Teufel wie Fafner oder Götter wie Wotan. Jedes Hindernis entfernt er mit unbarmherziger Hand; denn er kennt nur noch eine Begierde in der Welt, ein überwältigendes Verlangen, die WAHRHEIT zu schauen. Darum eilt er, nachdem er Wotans Speer zerschmettert hat, weiter, geführt von dem Vogel der Intuition, bis er an den Flammengürtel kommt, der Brünnhilde, den schlafenden Geist der WAHRHEIT, verbirgt. Beim Anblick von Loges Flackerfeuer der Täuschung und Vorspiegelung ist er keineswegs erschrocken. Kühn dringt er vor durch Flammen, und siehe da! Hier liegt sie, nach der er manche Leben hindurch lechzendes Verlangen trug. Er beugt sich nieder, umfängt Brünnhilde mit starker und doch zarter Umarmung und weckte mit einem feurigen Kuß den Geist der WAHRHEIT, Brünnhilde, aus ihrem Zeitalter währenden Schlafe.

XII

DER KAMPF ZWISCHEN WAHRHEIT UND IRRTUM

Es gibt keine ausreichenden Worte, das Erlebnis der Seele zu schildern, das sie erfährt, wenn sie in dieser hehren Gegenwart steht, weit über dieser Welt (in der die Hülle des Fleisches die lebendige Wirklichkeit unter einer Maske verbirgt), weit auch über der Welt der Begierde und der Illusion (Empfindungs-Welt), wo phantastische und illusorische Gestalten uns dazu verführen, sie für etwas ganz anderes anzusehen, als sie in Wirklichkeit sind. Erst in der Region der „konkreten Gedanken", wo die Urbilder aller Dinge sich zum himmlischen Chor vereinigen, von dem Pythagoras als der „Harmonie der Sphären" spricht, finden wir die WAHRHEIT offenbart in all ihrer Schönheit.

Aber der Geist kann dort nicht für immer bleiben. Diese Wahrheit und Wirklichkeit — so glühend ersehnt von jedem, der getrieben war, die Suche durch ein inneres Gebot, stärker als die Bande der Freundschaft, Verwandtschaft oder irgendwelcher anderer Beziehungen, anzutreten — ist nur ein Mittel zum Zweck. D i e W A H R H E I T m u ß h e r u n t e r g e b r a c h t w e r d e n i n d e n B e z i r k p h y s i s c h e r F o r m e n, d a m i t s i e v o n w i r k l i c h e m W e r t f ü r d i e A r b e i t d e r W e l t s e i n k a n n. Darum muß Siegfried, der WAHRHEITS-Sucher, notwendigerweise den Felsen von Brünnhilde verlassen, seinen Rückweg durch das Feuer der Illusion nehmen und wieder in die materielle Welt eintreten, um versucht und geprüft zu werden, ob er den Gelübden der Liebe, die er mit seiner wiedererwachten Walküre austauscht, die Treue zu halten vermag.

Es ist ein harter Kampf, der vor ihm liegt. Die Welt ist nicht bereit, die WAHRHEIT aufzunehmen, und wie nachdrücklich sie ihr Verlangen in dieser Richtung auch beteuern mag, sie schmiedet mit allen Mitteln ihrer gewaltigen Macht Ränke, jeden zu unterdrücken, der der WAHRHEIT Eingang verschaffen will; denn es gibt wenig Einrichtungen, welche die blendende Helle ihres Lichtes vertragen.

Nicht einmal die Götter können sie ertragen, wie Brünnhilde zu ihrem Leidwesen weiß, war sie doch von Wotan verbannt worden, weil sie sich weigerte, ihre Macht auf der Seite des Herkömmlichen zu gebrauchen! Und jeder, der die Überlieferungen niedertritt, um die WAHRHEIT aufzurichten, wird feststellen, daß die ganze Welt gegen ihn ist und er allein stehen muß. Wotan war ihr Vater und beteuerte, sie herzlich zu lieben. Er liebte sie auch auf seine Weise, aber er liebte die durch Walhall symbolisierte Macht mehr. Der Ring des Bekenntnisses, durch den er die Menschheit beherrschte, war in seinen Augen begehrenswerter als Brünnhilde, der Geist der WAHRHEIT; so versenkte er sie in Schlaf hinter dem Flammengürtel der Illusion.

Wenn das die Haltung der Götter war, was kann vom Menschen erwartet werden, der nicht so hohe und edle Ideale bekennt wie die Götter, die Hüter der Religion, die doch ihnen die Ideale einpflanzen? Alles dieses und mehr als sich in Worte kleiden läßt, worüber der Schüler gut tut nachzudenken, durchzog Brünnhildes Gemüt im Augenblick ihres Abschiedes von Siegfried und, um ihm wenigstens einen Vorteil für den Lebenskampf mitzugeben, magnetisiert sie gleichsam seinen ganzen Körper, um ihn unverwundbar zu machen. Jeder Fleck ist so geschützt mit Ausnahme einer Stelle am Rücken zwischen den Schultern. Hier haben wir einen der Geschichte von Achilles analogen Fall, dessen Körper überall unverwundbar gemacht wurde mit Ausnahme seiner einen Ferse. In dieser Tatsache liegt eine große Bedeutung: so lange nämlich der Kämpfer für die WAHRHEIT diese Rüstung, von der Paulus spricht, im Kampfe des Lebens trägt und tapfer seinen Feinden entgegentritt, ist es gewiß, daß er endlich siegen wird, wie hart man ihm auch zusetzt. Indem er der Welt entgegentritt und seine entblößte Brust den Pfeilen der Feindschaft, Intrige und Verleumdung entgegenhält, beweist er, daß er den Mut seiner Überzeugung hat. Eine höhere Macht als seine eigene, die Macht, die immer für das Gute wirkt, beschützt ihn, wie groß die Anzahl seiner Feinde auch sein mag. Aber wehe ihm, wenn er irgendwann einmal den Rücken wendet! Dann, wenn er nicht wachsam ist und nicht achtgibt auf den Angriff der Feinde der WAHRHEIT, werden sie die verwundbare Stelle ausfindig machen, sei sie an der Ferse oder zwischen den Schultern. Darum ist es uns und jedem andern, der die WAHRHEIT liebt, dienlich, von dieser wundervollen Symbolik zu lernen und **uns unsere Verantwortung klarzumachen, immer die WAHRHEIT über alles zu lieben**. Freundschaft, Verwandtschaft und alle anderen Beziehungen dürfen nicht ins Gewicht fallen, verglichen mit dem einen großen Werk, mit der WAHRHEIT für die WAHRHEIT. CHRISTUS, die völlige Verkörperung der WAHRHEIT, sagte zu seinen Jüngern: „Sie haben mich gehaßt und sie werden euch hassen".

So wollen wir uns selber nicht täuschen: der Pfad der Prinzipientreue ist ein rauher Weg und erfordert unablässige Anstrengung. Auf diesem Wege werden wir wahrscheinlich die Übereinstimmung mit den uns Nahestehenden und Lieben verlieren.

Obgleich die Welt heute beteuert, Religionsfreiheit zu gewähren, sind die Tage der Verfolgung noch nicht zu Ende. Glaubensbekenntnis und Dogma haben noch die Macht und sind bereit, jeden zu verklagen und zu verfolgen, der sich nicht in herkömmlichen Bahnen bewegt. Aber so lange wir sie ins Auge fassen und unseren Weg unbekümmert um Kritik verfolgen, wird die WAHRHEIT immer unerschüttert aus dem Kampf hervorgehen. Nur wenn wir uns als Feiglinge erweisen, können die feindlichen Kräfte uns den Todesstreich an dieser verwundbaren Stelle versetzen.

Noch einen Punkt gilt es zu betrachten. Als Siegfried den Walkürenfelsen verläßt, um wieder in die Welt einzutreten, gibt er Brünnhilde den Ring des Nibelungen. Der Ring war, wie ja bekannt ist, von Alberich, dem Nibelung, aus dem Rheingold gemacht, das den Universal-Geist versinnbildlicht. Wir erinnern uns auch, daß er diesen Goldklumpen, das Rheingold, nicht eher zu gestalten vermochte, als bis er der Liebe abschwur; denn Freundschaft und Liebe hörten auf, als der Universal-Geist vom Ringe des Egoismus umschlossen wurde. Von der Zeit an wurde der Kampf des Lebens in seiner ganzen Verbissenheit geführt: jedes Mannes Hand hob sich gegen den Bruder aus Gründen dieser egoistischen Einstellung, die jeden anspornt, auf sein eigenes Wohl bedacht zu sein, unbekümmert um das Wohlergehen anderer.

Aber wenn der Geist die WAHRHEIT gefunden hat und mit den göttlichen Wirklichkeiten in Berührung gekommen ist, wenn er in die Region der konkreten Gedanken, die der Himmel ist, eingetreten ist und die eine große Wirklichkeit erkannt hat — daß alle Dinge eines sind und es, obwohl sie hier getrennt erscheinen mögen, einen unsichtbaren Faden gibt, der alle miteinander verbindet, wenn der Geist so Universalität und Liebe zurückerlangt hat, gibt es für ihn keine Getrenntheit mehr. So läßt er, wenn er das Reich der WAHRHEIT verläßt, das Gefühl der Getrenntheit und des Eigenseins hinter sich, das der Ring symbolisiert. So wird er universal in seinem Wesen. Er kennt weder Begrenzung durch Verwandtschaft noch durch das Vaterland, er fühlt sich wie der so häufig mißverstandene Thomas Paine, wenn er äußert: „Die Welt ist mein Vaterland; Gutes zu tun, meine Religion". Dieser innere Zustand ist allegorisch dadurch dargestellt, daß Siegfried bei seinem Auszug Brünnhilde den Ring des Nibelungen gibt.

Wie man sich erinnern wird, waren die Walküren Töchter von Wotan. Sie ritten auf geschwinden Pferden durch die Luft an jeden Ort, wo tödlicher Kampf entbrannt war zwischen Zweien oder Mehreren. Sobald ein Krieger fiel, hoben sie ihn sanft auf ihren Sattel und trugen ihn nach Walhall, dem Wohnsitz der Götter, wo er wiedererweckt wurde und in ewiger Glückseligkeit weiterlebte. Man wird sich auch erinnern, daß der Name Walküre wiedergegeben wurde als — durch Zuruf erwählt. Die den Kampf des Lebens bis zum bitteren Ende gekämpft hatten, wurden durch Zuruf erwählt, die Gefährten der Götter zu sein.

Brünnhilde war die Anführerin dieser Wotanstöchter, und ihr Roß Grane war die schnellste der Stuten. Dieses Tier, das immer getreu den Geist der WAHRHEIT getragen hatte, gab sie ihrem Gemahl; denn WAHRHEIT ist immer die Braut dessen, der sie gefunden hat. Das Roß ist deshalb symbolisch die Schnelligkeit und Entscheidung, mit der jemand, der sich der WAHRHEIT vermählt hat, fähig ist, das Rechte zu wählen und Wahres vom Irrtum zu trennen — vorausgesetzt, daß er treu bleibt.

So, mit der Liebe zur WAHRHEIT im Herzen und auf dem Rosse der Unterscheidung reitend, zieht Siegfried aus, für die WAHRHEIT zu kämpfen, und die Welt bezwungen zu Füßen Brünnhildes zu legen. Himmel und Erde hängen in der Schwebe; denn er kann die Welt völlig umwandeln, wenn er treu und tapfer bleibt; aber wenn er seine Sendung vergißt und sich in der Sphäre der Täuschungen verstrickt, ist die letzte Hoffnung, die Welt zu erlösen, geschwunden. Die Götterdämmerung ist nahe, in der die zur Zeit herrschende Ordnung der Dinge aufgehoben werden soll, wenn die Feuersglut das Himmelsgewölbe geschmolzen haben wird, so daß aus der umwälzenden Arbeit der Natur ein neuer Himmel und eine neue Erde hervorgehen können, in denen Gerechtigkeit wie ein Gewand alles und alle bekleiden wird.

So wenden wir nun unsere Augen von Siegfried und Brünnhilde zur Erde, wo die Welt, welche durch die WAHRHEIT befreit werden soll, auf den kommenden Helden wartet. Die nordische Mythe führt uns an den Hof von Gunther, einen nach der Auffassung dieser Welt hochangesehenen Helden und König. Gutrune, seine Schwester, ist die vornehmste Frau des Landes, ihr Bruder ist unvermählt. Unter den Höflingen finden wir Hagen, der Name bedeutet Haken, innewohnende Selbstsucht anzeigend. Er ist als Sproß der Nibelungen mit Alberich verwandt, der den unheilvollen Ring formte. Immer seit den Tagen, in denen der Ring aus ihrem Besitz entschwand, haben die Nibelungen scharfe Obacht auf seine Besitzer gegeben: erst auf Wotan, der Alberich überlistete und ihm den Ring entwand, dann auf Fafner und Fasolt, die Riesen, die Walhall für Wotan erbaut hatten und ihn zwangen, den Ring als Lösegeld für Freia, die Göttin der Liebe und Jugend herzugeben, die Wotan preisgab und um der Macht willen verkaufte. Dann, als Fafner Fasolt erschlug, bewachten die Nibelungen scharf die Höhle, in der Fafner verborgen lag, als ein riesiger Drachen über dem Nibelungenhort brütend. Und Mime, der Pflegevater von Siegfried, bezahlt mit seinem Leben, daß er sich nach dem Schatze gelüsten ließ. Auch Siegfried war nicht sicher vor ihrem wachsamen Auge, außer wenn er auf dem Felsen der Walküre war; denn weder ein Nibelung noch ein Niedriggesinnter und Feigling können jemals den Flammengürtel der Täuschung durchdringen und das Reich der WAHRHEIT betreten. Darum wissen die Nibelungen nicht, was aus dem Ring geworden ist als Siegfried aufs neue in der Welt auftaucht, obgleich sie natürlich vermuten, daß er bei Brünnhilde geblieben ist und sofort Ränke zu schmieden beginnen, ihn wieder in ihren Besitz zu bringen.

Der Hof von Gunther liegt direkt auf Siegfrieds Weg. Alberich beeilt sich, Hagen davon zu unterrichten, daß der zuletzt bekannt gewordene Besitzer des Ringes auf dem Wege zum Hofe Gunthers ist. Sie machen zusammen Pläne, wie sie den Aufenthalt des Ringes auskundschaften und ihn wieder in ihren

Besitz bringen können. Jeder sinnt dabei voller Tücke und Bosheit in seinem schlechten Herzen, wie er den anderen überlisten wird, um alleiniger Eigentümer zu werden; denn im Kampf der getrennten Selbstheit gibt es keine Ehre: jeder ist gegen jeden; ganz gleich, wer er ist. Obgleich wir in der Welt Zusammenarbeit für gemeinsame Zwecke finden, ist doch die Frage, welche die Gemüter beherrscht, immer: was kommt dabei für mich heraus. Wenn das nicht geklärt und eine persönliche Belohnung in Sicht ist, haben die meisten Menschen keine Lust zur Arbeit. Der Apostel mahnt uns, „nicht nur an uns selber zu denken, sondern **ein Herz zu haben für die Angelegenheiten anderer**". Wir stimmen dem in den christlichen Ländern intellektuell zu, aber ach! wie Wenige sind willens, sich dem Ideal eines Lebens in selbstlosem Dienste zu nähern.

XIII

WIEDERVERKÖRPERUNG UND LETHETRANK

„Geburt — ein Schlaf nur und Vergessen.
Die Seele aber, uns'res Lebens Stern,
Hat weite Räume eh'mals schon durchmessen,
Ging einst schon unter — kommt von fern."
                                   Wordsworth.

Als Siegfried den Felsen der Walküre verläßt und den weltlichen Hof von Gunther erreicht, wird ihm ein Trank gereicht, der bezweckt, ihn alles vergessen zu lassen, was aus seinem vergangenen Leben stammt, ja auch Brünnhilde, den Geist der WAHRHEIT, den er sich zu eigen gewann.

Gewöhnlich nimmt man an, daß die Lehre von der Wiederverkörperung nur in den alten Religionen des Orients gelehrt wird, aber das Studium der skandinavischen Mythologie wird diese falsche Ansicht ausrotten. Tatsächlich glaubten die Menschen sowohl an die Wiederverkörperung als auch daran, daß das Gesetz von Ursache und Wirkung auf das moralische Verhalten des Menschen angewandt wird, bis das Christentum diese Lehren aus Gründen, die in „Die Weltanschauung der Rosenkreuzer" (S. 168) angegeben sind, verdunkelte. Es ist eigentümlich, von der Verwirrung zu lesen, die angerichtet wurde, als die alte Wotansreligion durch das Christentum verdrängt wurde. Die Menschen glaubten in ihren Herzen an die Wiederverkörperung, wiesen es aber äußerlich von sich, wie die folgende Geschichte von St. Olaf, dem König von Norwegen, einem der frühesten und eifrigsten Bekenner des Christentums, zeigen wird. Als Asta, die Königin, Gemahlin des Königs Harold, in Wehen lag und nicht zur Entbindung kommen konnte, kam ein Mann an den Hof mit einigen Juwelen, über die er folgenden Aufschluß gab. Im Traume war ihm König Olaf Geirstad erschienen, der vor vielen Jahren in Norwegen regiert hatte und ein direkter Vorfahr von Harold war; er hatte ihn angewiesen, den Grabhügel, der seinen toten Körper barg, zu öffnen, und nachdem er mit einem Schwert das Haupt vom Rumpfe getrennt habe, gewisse Edelsteine, die er finden würde, der Königin zu bringen, deren Schmerzen dann aufhören würden. Die Edelsteine wurden in das Zimmer der Königin gebracht, und bald danach wurde sie von einem Knaben entbunden, den sie Olaf nannten. Es wurde allgemein geglaubt, daß der Geist von Olaf Geirstad in den Körper des Kindes eingegangen war, das nach ihm seinen Namen empfing.

Viele Jahre später, als Olaf König von Norwegen geworden und zum Christentum übergetreten war, ritt er eines Tages, wie er das öfter tat, zu dem Grabhügel, in dem sein Vorfahr lag. Ein Höfling, der ihn damals begleitete, fragte ihn:

„Ist es wahr, Herr, daß Ihr einst in diesem Hügel lagt?"
„Niemals", antwortete der König, „hat mein Geist zwei Körper bewohnt".

„Und doch hat man Euch sagen hören, als Ihr an diesem Hügel vorbeirittet, ‚hier war ich, hier lebte ich' ".

„Niemals sagte ich das", erwiderte der König, „und niemals werde ich das sagen".

Er war sehr niedergeschlagen und ritt eilig davon, offenbar, um einer Auseinandersetzung über eine innere Überzeugung aus dem Wege zu gehen, die alle Dogmen des neuen Glaubens nicht auslöschen konnten.

Es ist eine Tatsache, daß unsere Vorfahren, sei es im Osten oder Westen, vieles über Geburt und Tod wußten, was jetzt in Vergessenheit geraten ist, weil damals das zweite Gesicht vorherrschte. Heute noch haben manche Bauern in Norwegen die Fähigkeit, beim Tode den Geist aus dem Körper wie eine lange, schmale weiße Wolke hinausgehen zu sehen. Diese Wolke ist natürlich der Lebensleib, und die Lehre der Rosenkreuzer — daß die Verstorbenen noch einige Zeit nach dem Tode wie zaudernd über ihrem irdischen Aufenthaltsort schweben, daß sie einen leuchtenden Körper annehmen und tiefbekümmert über den Schmerz ihrer Lieben sind — war allgemeines Wissen bei den alten Nordmannen. Als der verstorbene König Helgi von Dänemark erschien, um den Kummer seiner Witwe zu beschwichtigen, und sie voll Angst und Schmerz ausruft: „Mit Reif ist Helgi, dein Haar bedeckt, dein Haupt triefend vom Leichentaue", antwortet er:

„Du selber, Sigrun von Sewafjoll,
Du glänzende Sonne im goldenen Schmuck,
Bist schuld, daß Helgi von Harmtau trieft;
Täglich weinst du, Tochter des Südens,
Eh' ins Bette du gehst, bittre Tränen;
Als Blut fällt jede auf des Fürsten Brust,
Kalt und eisig und kummerschwer."

Schüler, denen die Tatsache der Wiederverkörperung entgegentritt, wundern sich gewöhnlich, daß die Erinnerung an frühere Leben ausgelöscht ist, und manche werden von einem übermächtigen Verlangen erfüllt, die Vergangenheit zu wissen. Sie können die Wohltat nicht verstehen, die in dem Lethetrank des Vergessens liegt, und blicken voll Neid auf die Menschen, die behaupten, ihre vergangenen Leben zu kennen, angeben Könige, Königinnen, Philosophen, Priester etc. gewesen zu sein. Es liegt jedoch ein äußerst wohltuender Zweck in diesem Vergessen; denn keine Erfahrung ist von Wert im Leben, außer für den Eindruck, den sie bei den Erlebnissen nach dem Tode im Fegefeuer oder im Himmel hinterläßt. Dieser Eindruck wirkt dann so, daß er uns in einem neuen Dasein zu geeigneter Zeit leitet, uns vor gewissen Lebenshandlungen warnt oder in sie hineindrängt. Diese Warnung oder dieser Trieb, obgleich von der Erfahrung getrennt, besser noch, gerade weil sie von der Erfahrung getrennt sind, aus der sie hervorgingen, handeln mit größerer Schnelligkeit als der Antrieb durch den Gedanken.

Um diesen Punkt dem Verständnis näher zu bringen, können wir vielleicht diese Aufzeichnung, die in unsere feineren Träger eingeätzt ist, mit einer Schallplatte vergleichen, die beim Abspielen eine in die Nähe gebrachte Gruppe von Stimmgabeln zum Schwingen bringt, wenn die einzelnen Töne erklingen. Für den Außenstehenden scheint es keinen Grund zu geben, weshalb eine bestimmte Vertiefung auf einer Schallplatte einer solchen an der Stimmgabel entsprechen sollte und weshalb, wenn die Nadel in jene Vertiefung fällt, ein bestimmter Ton hervorgerufen werden sollte, der die Stimmgabel zum Schwingen bringt. Aber ob wir dies verstehen oder nicht, die Vorführung beweist, daß eine Verbindung zwischen jener kleinen Einkerbung und der Stimmgabel im Ton besteht. Und diese ist nicht von dem Wissen abhängig wie die Einkerbung auf die Platte geprägt wurde oder was die Stimmgabel dazu veranlaßte, auf jene Schwingung zu antworten. Die Verbindung besteht, ob wir alle Tatsachen darüber kennen oder nicht.

In ähnlicher Weise wird eine bestimmte Erfahrung, die wir im Leben gemacht haben, sei sie freudiger oder trauriger Art, in den Erlebnissen nach dem Tode verdichtet und hinterläßt einen Eindruck auf die Seele, der uns warnt, wenn die Erfahrung im Fegefeuer gemacht wurde, uns jedoch anspornt, wenn sie himmlischer Natur war. Tritt dann in einem späteren Leben ein Erlebnis ein, ähnlich jenem, das den Eindruck hervorrief, so verspürt die Seele dessen Schwingung; diese erweckt eine Stimmung des Schmerzes oder der Freude — je nach der Situation — im Bericht über das vergangene Leben weitaus schneller, als wenn das Erlebnis selbst uns wieder vor Augen gebracht würde. Denn wir wären auch heute noch nicht imstande, diese Erfahrung in ihrem wahren Lichte zu sehen, weil wir wieder durch den Schleier der Leiblichkeit am rechten Sehen verhindert sind, aber die Frucht der Erfahrung, ob im Himmel oder in der Hölle geerntet, sagt uns unbestechlich, ob wir die Bemühungen unserer Vergangenheit strebend fortsetzen können, oder ob wir sie wandeln müssen.

Mehr noch — vorausgesetzt, wir würden unsere vergangenen Leben wirklich kennen, wir hätten die Fähigkeit, sie zu erkennen durch unser gegenwärtiges Bestreben, gut und würdig zu leben, erworben: Vorausgesetzt nun, wir hätten Leben der Ausschweifung, der Grausamkeit des Verbrechens und der Selbstsucht gelebt, so würden wir doch daran festhalten, daß Menschen, die uns nun deswegen verschmähen, uns nicht nach der Vergangenheit richten sollten, sondern falsch handeln, wenn sie uns zurückweisen, uns mit ihrer Ächtung Unrecht tun. Wir würden behaupten, daß unser gegenwärtiges Leben des ernsten Strebens zur Grundlage der Beurteilung gemacht werden sollte, unter Ausschluß der früheren Lebensbedingungen. Und damit hätten wir vollkommen recht. Doch wie könnten wir dann aus demselben Grunde für das gegenwärtige Leben Schmeichelei und Bewunderung beanspruchen, weil wir in vergangenen Leben Könige und Königinnen waren? Selbst wenn wir in solchen Würden gelebt hätten, warum sollten wir uns dem Lächeln und der Zweifelsucht anderer preisgeben, indem wir davon sprächen? Ob wir also Erinnerungen an frühere Leben haben oder nicht, besser als daran zu denken ist es, unsere Anstrengungen den höchsten Möglichkeiten von heute zuzuwenden.

Es unterliegt keinem Zweifel, daß jemand, der fähig ist im Gedächtnis der Natur zu lesen und der das als Forschung im Zusammenhang mit dem Fortschritt und der Evolution des Menschen betreibt, zu irgendeiner Zeit in Berührung mit Einblicken in seine oder ihre eigene Vergangenheit kommen wird. Ein treuer Diener jedoch, der Diener ist im Weinberg des HERRN, wird niemals vom Pfade des Dienens abschweifen und den Bahnen der Neugierde folgen. Der Jünger, der Unterweisung von den Älteren Brüdern empfängt, wird bei der ersten Einweihung schon gewarnt, niemals seine Macht zu benutzen, die Neugierde zu befriedigen. Und bei allen weiteren Einweihungs-Erlebnissen wird diese Auffassung ihm immer wieder eingehämmert.

Die Unterscheidungen zwischen dem rechtmäßigen und unrechtmäßigen Gebrauch geistiger Kräfte sind so fein und so subtil, daß mit dem Wachstum die Einschränkungen, von denen man umgeben zu sein scheint, sich in solchem Ausmaß vervielfachen, daß neunzig von hundert Menschen, denen man davon erzählte, sagen würden: „Was nützt euch euer geistiges Hellsehen oder eure Fähigkeit, den Körper verlassen zu können? Wenn ihr so gebunden seid, dann ist die Möglichkeit der Überschreitung so groß, daß es kaum von irgend welchem Nutzen zu sein scheint, diese Fähigkeiten zu besitzen". Und doch sind sie von großem Wert, und die Verantwortlichkeit ist nur das Resultat fortgeschrittenen Wachstums.

Ein Tier nimmt unbekümmert, was es wünscht: es begeht keine Sünde und wird für seine Handlungen nicht verantwortlich gemacht, weil es nichts anderes kennt. Aber sobald der Begriff von mein und dein unserem Bewußtsein eingeprägt ist, erwacht die Verantwortlichkeit. Mit unserem Wissen wächst die Verantwortlichkeit, und je feiner die seelischen Eigenschaften sind, desto feiner ist die Unterscheidung zwischen Recht und Unrecht. Wir beobachten in unserem täglichen Leben, daß die Regeln für das Erlaubte oder Unerlaubte entsprechend den Eigenschaften eines jeden Individuums verschieden sind.

Und wenn wir die Macht erstreben, durch die wir die Kenntnis der Vergangenheit erlangen, finden wir, daß wir ebenso wenig berechtigt sind, sie zu unserem Fortschritt anzuwenden, wie wir berechtigt wären, durch ihre Anwendung zu weltlichem Reichtum und weltlicher Macht zu gelangen. So ist dies Leben oder sind die Leben, die wir gelebt haben, absichtlich vor uns verborgen, bis wir gelernt haben, die Tür zu öffnen; und haben wir dann den Schlüssel, werden wir voraussichtlich nicht wünschen, ihn zu gebrauchen.

Aus diesem Grunde wird Siegfried der Lethetrank in dem Augenblick gereicht, als er Gunthers Hof betritt, und sofort vergißt er, wie er in seinem früheren Leben mit Mime, dem Zwerge lebte, der ihn als seinen Sohn bezeichnete. Er vergißt, wie er das magische Schwert, „den Mut der Verzweiflung", schmiedete, das ihm so gut zustatten kam im Kampf mit Fafner, dem Geist der Begierde und Leidenschaft. Er vergißt, daß er auf diese Weise den Ring des Nibelungen gewonnen hatte, das Sinnbild des Egoismus, durch den er Erkenntnis seiner wahren geistigen Identität erlangte und Mime, die Persönlichkeit, erschlug, die fälschlich behauptete, sein Ahn zu sein. Er vergißt, wie er als freier Geist ohne Furcht unerschrocken Wotans Speer zerbrach, das Zeichen des Hüters der verschiedenen Glaubensbekenntnisse, wie er dem Vogel der Intuition folgte, der ihn zum Wohnsitz des schlafenden Geistes der WAHRHEIT geleitete. Er vergißt seine Ehe mit Brünnhilde und das Gelübde der Selbstlosigkeit, das er einging, als er ihr den Ring gab.

Aber jedes einzelne dieser wichtigen Ereignisse hat seinen Eindruck in seiner Seele hinterlassen, und nun soll geprüft werden, ob dieser Eindruck stark genug war oder nur oberflächlich. Leben nach Leben kommt die Versuchung auf uns zu, bis der Schatz, den wir im Himmel angesammelt haben (Matth. 6, 20), durch Versuchungen auf Erden geprüft wurde, ob er so weit gefestigt ist, daß er nicht mehr von Motten und Rost gefressen wird. Nach der Taufe, als der CHRISTUS-Geist in den fleischlichen Körper von Jesus hinabgestiegen war, wurde er in die Wüste der Versuchung geführt und auf Schwäche oder Stärke geprüft. Und, in ähnlicher Weise, nach jeder himmlischen Erfahrung müssen wir erwarten, auf die Erde zurückgebracht zu werden, damit sich erweisen kann, ob wir in der feurigen Esse der Schicksalsschläge stehen oder fallen werden.

XIV

GÖTTERDÄMMERUNG

Als Siegfried den Hof Gunthers betritt, reicht ihm Gutrune, die schöne Schwester des Königs, den magischen Becher mit dem Trank des Vergessens. Nach dem Trank hat er die Erinnerung an die Vergangenheit und an Brünnhilde, den Geist der

WAHRHEIT, verloren und steht als nackte Seele da, bereit, den Kampf des Lebens aufzunehmen. Aber er ist ausgerüstet mit der sublimierten Essenz früherer Erfahrungen. Das Schwert Notung, den Mut der Verzweiflung, mit dem er gegen Begierde und Bekenntnis kämpfte, die symbolisiert sind durch Fafner, den Drachen, und Wotan, den Gott, trägt er noch bei sich; auch die Tarnkappe, die Haube der Illusion, ein geeignetes Bild für das, was wir heute als hypnotische Kraft bezeichnen. Wer diese magische Kappe aufsetzt, erscheint den anderen in jeglicher Gestalt, die er anzunehmen wünscht. Auch hat er Brünnhildes Roß Grane, Unterscheidungsvermögen, durch das er immer die Wahrheit erkennen und sie von Irrtum und Täuschung unterscheiden kann. Noch hat er Kräfte, die er nach seiner Wahl zu Gutem oder zu Bösem gebrauchen kann.

Wie schon früher gesagt wurde, ändert sich unsere Auffassung von dem, was WAHRHEIT ist, mit unserem Fortschritt. Allmählich steigen wir aufwärts auf dem Bergpfad der Evolution. Und indem wir das tun, erscheinen uns Phasen der Wahrheit, die wir vorher nie bemerkten; und was noch Recht war auf einer Stufe, ist schon Unrecht auf der nächsten. Jedoch, solange wir im Fleische sind, sehen wir durch den Schleier der Illusion, symbolisiert durch Loges Flamme, die Brünnhildes Felsen umgürtet. Ihr schneller Renner Grane, Unterscheidung, ist auch bei uns, und schon allein wenn wir ihm die Zügel freigeben, kann das mit dem Vergessenstrank beladene materielle Gehirn niemals Überlegenheit über den Geist erlangen.

Im Rheingold ist die frühe atlantische Epoche dargestellt, in der die Menschheit sorglos und unbekümmert als Nibelungen, „Kinder des Nebels", in den nebeligen Becken der Erde lebte. Die spätere atlantische Zeit ist ein Zeitalter der Barbarei, in dem die Menschheit der Liebe abschwört, wie Alberich, und „den Ring" des Egoismus bildet, und in dem sie ihre Energien materiellen Erwerbungen zuwendet, symbolisiert durch den „Hort der

Nibelungen", um den Riesen, Götter und Menschen kämpfen mit wilder Brutalität und niedriger Schlauheit, wie in „Die Walküre" dargelegt ist.

In der frühen arischen Epoche erfolgte die Geburt des Idealisten, symbolisiert als die „Wälsungen" (Siegmund, Sieglinde und Siegfried), eine neue Rasse, die mit heiliger Glut nach neuen und höheren Dingen trachtet — tapfere Ritter, die den Mut ihrer Überzeugungen hatten, die bereit waren, für das zu kämpfen, was sie als wahr erkannten, und ihr Leben als Pfand zu geben für die Aufrechterhaltung ihrer Herzensmeinungen. So machte das Zeitalter der Barbarei einer Ära idealistischen Rittertums Platz.

Wir sind jetzt in dem letzten Teil der arischen Epoche. Die WAHRHEITS-Sucher der Vergangenheit haben wieder Brünnhildes feuerumgürteten Felsen verlassen; wir haben wieder den Schleier der Fleischwerdung angelegt und vom Lethetrank getrunken. Heute sind wir die handelnden Personen in dem letzten Teile des großen epischen Dramas „Götterdämmerung", das in seiner Deutung mit der christlichen Apokalypse übereinstimmt. Das Evangelium des Reiches ist uns gepredigt worden, „der Weg, die Wahrheit und das Leben" wurden uns geöffnet, wie Siegfried. Es ist jetzt unsere Prüfungszeit wie sie für ihn an Gunthers Hof war, in der sich erweisen soll, ob wir leben werden als „der WAHRHEIT Vermählte" oder ob wir sie aus ihrer Vergangenheit hervorzerren und sie prostituieren werden, wie Siegfried es tat. Um die Hand von Gutrune zu gewinnen, entriß er Brünnhildes Hand den Ring des Nibelungen, das Symbol des Egoismus, und steckte ihn wieder an seinen eigenen Finger; er band sie und brachte sie Gunther, dessen Weib zu sein; er gab sie preis und beging selber Ehebruch mit Gutrune — denn, wer einmal der WAHRHEIT vermählt ist, begeht geistigen Ehebruch, wenn er die Ehren der Welt sucht.

Himmel und Erde wird Schmach angetan mit diesem ungeheuren Verrat an der WAHRHEIT. Die große Weltesche, der

Baum des Lebens, bebt in seiner Wurzel, bei der in den Tiefen Urd, Skuld und Verdande, die Vergangenheit, Gegenwart und Zukunft, den Faden des Schicksals spinnen. Dunkel wird es auf Erden. Hagens Speer findet die einzige verwundbare Stelle an Siegfrieds Körper, — sein Leben ist verwirkt, und da das höchste Ideal des Zeitalters versagte, hat es keinen Zweck, die bestehende Ordnung der Dinge aufrecht zu erhalten. Darum bläst Heimdall, der himmlische Wächter, in seine Trompete und die Götter reiten zum letzten Male in feierlicher Prozession über die Regenbogenbrücke, um den Riesen in einem Endkampf zu begegnen, der die Zerstörung von Himmel und Erde mit sich bringt.

Das ist ein sehr bedeutungsvoller Punkt: Am Eingang des Dramas finden wir die Nibelungen „auf dem Grunde des Rheines"; später schmiedet Alberich „den Ring" im Feuer, das nur in einer Atmosphäre brennen kann, wie wir sie jetzt im arischen Zeitalter haben. Während dieses Zeitalters halten auch die Götter ihre Ratsversammlungen bei der Regenbogenbrücke ab, welche die Widerspiegelung des himmlischen Feuers ist. Als Noah die Ursemiten durch „die Flut" gebracht hatte, zündete er das erste Feuer an. „Der Bogen" wurde damals in die Wolken gesetzt, um dort für ein Zeitalter zu verbleiben; und während dieser Zeit besteht der Bund, daß die wechselnden Zyklen, Sommer und Winter, Tag und Nacht usw. nicht enden sollten. In der Apokalypse (4, 1—3) wird Johannes gezeigt, „was nach diesem geschehen soll", von „Einem, der dasaß, ...; und ein Regenbogen war um den Stuhl", und später (10, 1—6) sah er „einen andern starken Engel vom Himmel herabkommen, ... und ein Regenbogen auf seinem Haupt...", der feierlich das Ende der Zeit verkündete. So geht aus der nordischen Mythe wie aus den Lehren des Christentums hervor, daß die Epoche begann, als der „Bogen am Himmel aufgerichtet wurde"; und wenn der Bogen vom Himmel fortgenommen werden wird, ist diese Epoche beendet, und eine neue Ordnung der Dinge, sowohl körperlich als geistig, wird eingeführt werden.

Die andere Erscheinung, die diese Zeit der Unruhe begleiten wird, ist in der alten Mythe gleichfalls dargestellt. Loki, der Geist der Täuschung, hat drei Kinder: die Midgard-Schlange, welche die Erde umspannt und sich in den eigenen Schwanz beißt, ist der Ozean, der alle Dinge, die in ihn eingetaucht werden, durch Brechung falsch spiegelt und verzerrt. Der Mensch fürchtet das verräterische Element, und der Gedanke, was geschehen könnte, wenn es entfesselt wird, ließ von jeher die Wangen erbleichen. Der Wolf Fenris, die Atmosphäre, ist auch ein Kind der Illusion (in optischer Beziehung), und das Schreckensgeheul der Stürme läßt das festeste Herz in Furcht erzittern. Hel, der Tod, ist das dritte von Lokis Kindern und „die Königin des Entsetzens". Bevor der Mensch in die konkrete Existenz eintrat, war, wie es am Anfang der großen Mythe und in der Genesis beschrieben ist, sein Bewußtsein nur auf geistige Welten eingestellt, in denen die täuschenden Elemente Loki (Feuer), Fenris (Luft) und die Schlange (Wasser) nicht existieren; folglich war auch der biologische Tod eine unbekannte Tatsache. Aber während der gegenwärtigen Epoche, in der die Konstitution des menschlichen Körpers der Tätigkeit der Elemente unterworfen ist, gibt noch der biologische Tod den Ausschlag.

Beim Klang der Trompete von Heimdall drängen alle diese Faktoren der Vernichtung vorwärts hin zur Ebene Wigrid, dem Gegenstück von Harmagedon, wo die Götter der verschiedenen Glaubensbekenntnisse und ihre geschworenen Anhänger sich versammelt haben, um sich dort dem Feinde zum letzten Male zu stellen. Die Söhne von Muspelheim (physisches Feuer) drängen vom Süden heran und zerstören die Regenbogenbrücke. Die Frost-Riesen rücken von Norden her vor. Mit einem fürchterlichen Gebrüll stürzt sich Fenris, die sturmgepeitschte Atmosphäre, über die Erde. So entsetzlich ist ihre Geschwindigkeit, daß die Reibung Feuer erzeugt. Und daher wird gesagt, daß seine untere Tatze auf der Erde steht, seine obere bis zur Sonne reicht und Feuer aus seinen Nüstern strömt. Er verschlingt Wotan, den schützenden Gott des „Zeitalters der Luft", während dessen Dauer der Bogen in den Wolken stand. Die Midgard-Schlange, oder das wässerige Element, wird von Thor besiegt, dem Gott von Blitz und Donner. Aber wenn die elektrischen Entladungen schließlich das Element Wasser aufgezehrt haben werden, kann es keine Gewitter mehr geben, und so sagt uns die alte Mythe, daß Thor an den Ausdünstungen der Schlange, dem Rauch aus ihren Nüstern, stirbt. In unserer christlichen Apokalypse hören wir auch von Blitz und Donner, und es wird uns vom Ende gesagt (Offenb. 21, 1): „... und das Meer ist nicht mehr".

Aber wie der Phönix verjüngt und schöner als zuvor aus seiner Asche emporsteigt, so sahen die alten Prophetinnen aus dem Weltenbrand, in dem „den Himmel beleckt die heiße Lohe", eine neue Erde aufgehen, herrlicher als die vergangene und von mehr ätherischer Art — sie nannten sie „Gimle". Auch war sie nicht unbewohnt; denn während der Weltenbrand sich austobte, wurde ein Paar gerettet, Mann und Weib, Lif und Lifthrasiz (Lif bedeutet Leben). Aus ihnen entspringt ein neues Geschlecht, das in Frieden und Gottnähe leben wird.

„Einen Saal seh' ich stehen — die Sonn' überstrahlt er —
Mit Gold gedeckt auf Gimles Höhen:
Dort werden wohnen wack're Scharen
Und ein Glück genießen, das nimmer vergeht.

Von oben kommt der allgewalt'ge
Hehre Herrscher zum höchsten Gericht,
Für alle denkend, erläßt er den Ratspruch;
Streit endet — es herrscht ewiger Frieden."

So lehrt die alte nordische Mythe von einem anderen Gesichtspunkt aus die gleichen Wahrheiten, wie sie in größerer

Fülle in der Bibel von der Genesis bis zur Apokalypse gefunden werden. Und es ist wichtig, daß wir der Wahrheit dieser Erzählungen auch praktisch nachleben. Es gibt nur zu viele in jener Klasse, die Petrus beschreibt (2. Petr. 3, 4), indem er sie sagen läßt: „Wo ist die Verheißung seiner Zukunft? denn nachdem die Väter entschlafen sind, bleibt es alles, wie es von Anfang der Kreatur gewesen ist." Es gibt wenige, die sich der Wichtigkeit der Feststellung im zweiten Kapital der Genesis bewußt werden, daß, bevor GOTT der Herr es regnen ließ auf Erden, „ein Nebel aufging von der Erden und feuchtete alles Land". Sie machen es sich nicht klar, daß dann die Kinder des Nebels von anderer physiologischer Beschaffenheit gewesen sein mußten als die Menschen von heute, die Luft atmen seit „der Sintflut", in der die Nebel kondensierten und zu Meeren wurden. Aber genau so sicher wie diese Veränderungen in der Vergangenheit vor sich gingen, steht uns jetzt eine neue Veränderung bevor. Gewiß, sie mag in unserer Zeit noch nicht einsetzen — „die Stunde weiß weder ein Mensch, noch die Engel, noch der Sohn", und wiederholt wird uns in diesem Zusammenhang die Warnung von Noah vor Augen geführt. In jenen Tagen aßen und tranken sie, freiten und ließen sich freien, aber plötzlich verschlang das Wasser sie, und alle, die nicht die erforderlichen physiologischen Bedingungen, nämlich Lungen, erworben hatten, um in den neuen Verhältnissen leben zu können, kamen um. Die Arche trug die Pioniere sicher durch die Katastrophe.

Um die nächste Veränderung unversehrt zu überstehen, wird ein „hochzeitlich Gewand" erforderlich sein. Und es ist von außerordentlicher Wichtigkeit, daß wir danach trachten, es uns zu erwerben. Dieses „hochzeitliche Gewand", soma psychicon oder der „geistige Leib", den Paulus erwähnt (1. Korr. 15, 44), ist ein ätherischer Träger von überragender Bedeutung; denn wenn die gegenwärtigen Elemente in der bevorstehenden Veränderung aufgelöst sein werden, wie sollten wir weiterleben, wenn wir nur in einem dichten Körper handeln können, wie wir ihn jetzt besitzen!

Der germanisch-angelsächsischen Rasse werden noch zwei weitere Rassen folgen ehe die sechste Epoche endgültig eingeleitet wird, aber heute und von unserem Stamm aus wird der Same bereitet für das neue Zeitalter. Es ist die ausgesprochene Aufgabe des Rosenkreuzer-Ordens, der durch die Rosenkreuzer-Gemeinschaft arbeitet, eine wissenschaftliche, besonders der Bevölkerung des Westens angepaßte Methode der Höherentwicklung zu verbreiten, durch die dieses hochzeitliche Gewand bereitet werden kann, damit der Tag des HERRN schneller herbeikomme.

TANNHÄUSER

XV

DAS PENDEL VON FREUD UND LEID

In diesem Drama haben wir es wieder mit einer alten Legende zu tun. Sie wurde der Menschheit von den göttlichen Hierarchien gegeben, die uns mit bildlichen Vorstellungen den Weg des Fortschrittes entlang führten, damit die Menschen in ihrem Unterbewußtsein die Ideale aufnehmen konnten, um die sie in späteren Leben ringen sollten.

In alten Zeiten war die Liebe gewalttätig; die Braut wurde gekauft, gestohlen oder als Kriegsbeute genommen. Besitz des K ö r p e r s war alles, was erstrebt wurde; daher war die Frau ein Gut, das einzig und allein nur nach dem Vergnügen geschätzt wurde, das sie dem Manne bereitete. Den höheren und edleren Fähigkeiten ihrer Natur wurde keine Gelegenheit gegeben, sich zum Ausdruck zu bringen. Dieser Zustand mußte geändert werden, oder der Fortschritt des Menschen hätte Stillstand erlitten. Der Apfel fällt nicht weit vom Stamme. Jeder, der aus einer Vereinigung unter so brutalen Verhältnissen geboren wurde, mußte selber brutal sein; und wenn die Menschheit gehoben werden sollte, mußte die Standarte der Liebe erhöht werden. Die Sage von „Tannhäuser" war ein Versuch in dieser Richtung.

Diese Legende wird auch „der Sängerkrieg" genannt; denn die Minnesänger Europas waren die Erzieher des Mittelalters. Sie waren wandernde Ritter, mit der Macht des Gesanges und der

Rede begabt, die von Land zu Lande zogen, willkommen in Hof und Schloß. Sie hatten einen mächtigen Einfluß, die Ideen und Ideale ihrer Zeit zu bilden, und im Sängerkrieg auf der Wartburg wurde eines der Probleme jener Zeit zur Entscheidung aufgestellt. Es stand zur Frage, ob die Frau ein Recht an ihrem eigenen Leibe habe oder nicht, ein Anrecht auf Schutz gegen zügellosen Mißbrauch von seiten ihres Mannes, ob sie als Gefährtin anzusehen sei und als Seele von Seele geliebt zu werden beanspruchen könne, oder ob sie sich als Sklave den Befehlen ihres Herrn zu unterwerfen habe.

Natürlich, wie bei jedem Wechsel, gab es immer solche, die am Alten hingen und gegen das Neue waren; und Kämpfer auf beiden Seiten fanden sich im Sängerkrieg auf der Wartburg.

Die Frage beherrscht noch unsere Zeit. Sie ist noch unentschieden bei der Mehrzahl der Menschen, aber das zum Ausdruck gebrachte Prinzip ist das rechte, und nur indem wir diesem Prinzip durch eine erhöhte Auffassung der Liebe entsprechen, kann eine bessere Rasse geboren werden. Dieses ist besonders wesentlich für den Menschen, der nach einem höheren Leben trachtet. Obgleich das Prinzip so selbstverständlich erscheint, wird ihm noch nicht einmal von allen zugestimmt, die hohe Beteuerungen machen. Mit der Zeit wird jeder lernen, daß nur, wenn wir die Frau als dem Manne gleich erachten, die Menschheit in Wahrheit gehoben werden kann; denn unter dem Gesetz der Wiederverkörperung wird die Seele abwechselnd in beiden Geschlechtern geboren, und die Bedrücker des einen Zeitabschnittes werden die Bedrückten des nächsten sein.

Der Trugschluß einer doppelten Bewertung des Betragens, die ein Geschlecht auf Kosten des anderen begünstigt, sollte jedem sofort entgegentreten, der an aufeinanderfolgende Leben glaubt, in denen die Seele von Ohnmacht zur Allmacht fortschreitet. Es hat sich oft genug erwiesen, daß die Frau durchaus nicht unter dem Manne steht, daß sie zum mindesten gleichstehend ist mit ihm, oft sogar ihm geistig überlegen, wiewohl dieses nicht klar aus dem Drama hervorgeht.

Die Legende sagt uns, daß Tannhäuser, der die Seele in einem bestimmten Zustand der Entwicklung darstellt, in seiner Liebe unbefriedigt blieb, weil der Gegenstand seiner Liebe, Elisabeth, zu rein und zu jung war, als daß er sich ihr hätte nähern können in dem Verlangen, sie möge sich ihm hingeben. Voll sehnender leidenschaftlicher Wünsche zieht er etwas an, das von gleicher Natur ist.

Unsere Gedanken sind wie Stimmgabeln. Sie erwecken ein Echo in anderen, die fähig sind, auf ihre Schwingungen zu antworten. Die leidenschaftlichen Gedanken von Tannhäuser bringen ihn deshalb an den Ort, der „Venusberg" genannt wird.

Wie „Ein Sommernachtstraum" von Shakespeare, so ist auch die Geschichte, wie er den Venusberg findet, wie er von der berauschend schönen Göttin aufgenommen und durch ihre Reize von den Fesseln der Leidenschaft umstrickt wird, nicht nur auf Phantasie aufgebaut. Es gibt Geister in der Luft, im Wasser und im Feuer, und unter gewissen Bedingungen kommen sie mit dem Menschen in Berührung. Nicht so sehr vielleicht in der elektrischen Atmosphäre von Amerika, aber überall in Europa, besonders im Norden, webt eine mystische Atmosphäre über den Gegenden, welche die Bevölkerung etwas darauf abgestimmt hat, diese Elementale zu sehen. Die Göttin der Schönheit, oder Venus, von der hier die Rede ist, ist tatsächlich eines der ätherischen Wesen, die sich von dem Dunst der niederen Begierden nähren, durch deren Befriedigung die Zeugungskraft in überquellender Menge frei wird. Viele der Kontroll-Geister, die von medial Veranlagten Besitz ergreifen und sie zu Sittenlosigkeit und Unzucht antreiben, die als ihre Seelenliebhaber kommen und ihre Opfer ernstlich schwächen, gehören derselben Klasse an, die, gelinde gesagt, überaus gefährlich ist. Paracelsus erwähnt sie als „incubi" und „succubi".

Die Eingangsszene der Oper „Tannhäuser" zeigt uns die zügellosen Ausschweifungen im Venusberg. Tannhäuser kniet vor der Göttin, die ausgestreckt auf einem Lager liegt. Er erwacht wie aus tiefem Traum. Und dieser Traum hat ihm die Sehnsucht eingegeben, die Erde wieder zu besuchen. Dieses sagt er der Göttin Venus, und sie antwortet:

> — — — „Welche tör'ge Klage!
> Bist du so bald der holden Wunder müde,
> Die meine Liebe dir bereitet? — — —
> Hast du so bald vergessen, wie du einst
> Gelitten, während jetzt du dich erfreust?
> Mein Sänger, auf! Ergreife deine Harfe!
> Die Liebe feire, die so herrlich du besingst,
> Daß du der Liebe Göttin selber dir gewannst!
> Die Liebe feire, da ihr höchster Preis dir ward!"

Von neuer Glut entflammt, ergreift Tannhäuser die Harfe und singt ihren Ruhm:

> „Dir töne Lob! die Wunder sei'n gepriesen,
> Die deine Macht mir Glücklichem erschuf!
> Die Wonnen süß, die deiner Huld entsprießen,
> Erheb' mein Lied in lautem Jubelruf!
> Nach Freude, ach! nach herrlichem Genießen
> Verlangt' mein Herz, es dürstete mein Sinn:
> Da, was nur Göttern einstens du erwiesen,
> Gab deine Gunst mir Sterblichem dahin. —
> Doch sterblich, ach! bin ich geblieben,
> Und übergroß ist mir dein Lieben.
> Wenn stets ein Gott genießen kann,
> Bin ich dem Wechsel untertan;
> Nicht Lust allein liegt mir am Herzen,
> Aus Freuden sehn ich mich nach Schmerzen.
> Aus deinem Reiche muß ich fliehn —
> O Königin, Göttin! Laß mich ziehn!"

Als die Menschheit Atlantis verließ und in die luftige Atmosphäre von Aryana eintrat, stand der Regenbogen zum ersten Male am Himmel als Wahrzeichen des neuen Zeitalters. Damals wurde gesagt, daß, so lange dieser Bogen in den Wolken stände, die wechselnden Jahreszeiten nicht aufhören würden; Tag und Nacht, Sommer und Winter, Ebbe und Flut und alle anderen abwechselnden Maße der Natur würden sich in ununterbrochener Folge aneinanderreihen. In der Musik kann nicht immer Harmonie sein, der Mißklang muß von Zeit zu Zeit einsetzen, um die Melodie zur Würdigung gelangen zu lassen. So ist es auch mit der Frage von Kummer und Sorgen, Freude und Glück: s i e s i n d a u c h M a ß e d e s W e c h s e l s. Wir können nicht leben, ohne nach dem Gegenstück Verlangen zu tragen, ebensowenig wie wir im Himmel bleiben können, um Erfahrungen zu sammeln, die wir nur auf Erden gewinnen können. Und es ist diese innere Nötigung, dieses Schwingen des Pendels von Freud zu Leid und wieder zurück zur Freude, das Tannhäuser aus dem Venusberg forttreibt, wieder Kampf und Streben der Welt aufzusuchen, um wieder Erfahrungen zu gewinnen, die einzig der Schmerz geben kann, und den Genuß zu vergessen, der keine Seelenkraft gibt. Aber es ist charakteristisch für die niederen Kräfte, daß sie immer die Seele gegen ihren Willen zu beeinflussen trachten, daß sie immer bestrebt sind, sie vom geraden Wege der Rechtschaffenheit abzubringen. Und so sagt Venus, die diese Mächte in dem Drama von Tannhäuser personifiziert, warnend und überredend:

„Bald weicht der Stolz aus deiner Seel',
Demütig seh ich dich mir nahn,
Zerknirscht, zertreten suchst du mich auf,
Flehst um die Zauber meiner Macht."

Aber Tannhäusers Absicht ist unerschütterlich. Der Durst in ihm ist so stark, daß nichts ihn zurückhalten kann, und obgleich er noch den Zauber verspürt, ruft er feurig aus:

„Stets soll nur dir, nur dir mein Lied ertönen!
Gesungen laut sei nur dein Preis von mir!
Dein süßer Reiz ist Quelle alles Schönen,
Und jedes holde Wunder stammt von dir.
Die Glut, die du mir in das Herz gegossen,
Als Flamme lodre hell sie dir allein!
Ja, gegen alle Welt will unverdrossen
Fortan ich nun dein kühner Streiter sein.
Doch hin muß ich zur Welt der Erden,
Bei dir kann ich nur Sklave werden;
Nach Freiheit doch verlangt es mich,
Nach Freiheit, Freiheit dürste ich;
Zu Kampf und Streite will ich stehn,
Sei's auch um Tod und Untergehn:
Drum muß aus deinem Reich ich fliehn —
O Königin, Göttin! Laß mich ziehn!"

So ist Tannhäuser, als er den Venusberg verläßt, geschworener Anhänger der niederen und sinnlichen Seite der Liebe. Und als solcher geht er hinaus in die Welt, um zu lehren; denn das ist menschliche Natur: w e s s e n   d a s   H e r z   v o l l   i s t, des geht der Mund über.

Er kennt die Gegend gut und lenkt seine Schritte sofort zur Wartburg, wo sich eine Anzahl Minnesänger dauernd als Gäste der Schloßherrschaft aufhält, die zu einem sehr großen Maße Beschützerin des Minnesängertums ist, stets besorgt, unterhalten zu werden, und immer verschwenderisch mit ihren Gaben.

Nach einer Weile trifft er einen Trupp Sänger, die sich im Walde ergehen, und diese, seine früheren Freunde, sind erstaunt, ihn so lange nicht gesehen zu haben. Sie fragen ihn, wo er gewesen sei, aber Tannhäuser, der weiß, daß das gesunde Gefühl ein Einlassen mit den niederen, elementalen Kräften in der Natur ablehnt, verbirgt seinen Aufenthalt während der Zeit seiner Abwesenheit und gibt eine ausweichende Antwort. Er wird dann von den Sängern, die ihm mitteilen, daß ein Wettstreit zwischen ihnen im Schlosse stattfinden wird, eingeladen, daran teilzunehmen. Als er hört, daß Liebe der Gegenstand der Debatte sein soll und Elisabeth — die schöne Tochter des Grafen, welche Tannhäuser so glühend geliebt hatte, daß ihn seine Leidenschaft in den Venusberg trieb — dem Sieger den Preis darbieten wird, hofft er durch die Glut, die ihn neu beseelt, das herrliche Mädchen veranlassen zu können, seiner Klage Gehör zu geben. Da uns immer eine Ernte des Leidens erwächst, wenn wir den Gesetzen des Fortschrittes entgegenhandeln, sät Tannhäuser durch diese Tat die Saat, die ihm die Ernte der Schmerzen bringen wird, nach der er im Venusberge Verlangen trug.

XVI
MINNESÄNGER, DIE EINGEWEIHTEN DES MITTELALTERS

Als Tannhäuser dem Venusberg entfloh, gehörte zu den ersten Klängen, die sein Ohr trafen, der Gesang einer Schar von Pilgern, die nach Rom zogen, um dort Vergebung ihrer Sünden zu erlangen. Das erweckte in ihm ein überwältigendes Gefühl seines eigenen Verbrechens. Darum kniet er nieder und stammelt in tiefer Ergriffenheit und Zerknirschung:

„Allmächt'ger, dir sei Preis!
Groß sind die Wunder deiner Gnade.
— — —
Ach, schwer drückt mich der Sünden Last,
Kann länger sie nicht mehr ertragen;
Drum will ich auch nicht Ruh noch Rast
Und wähle gern mir Müh und Plagen."

Während er sich so verworfen und verflucht vorkommt, verurteilt, allein und ungesegnet die Welt zu durchstreifen wegen seiner unheiligen Leidenschaft zur Venus, nahen sich ihm die Sänger und bemühen sich, ihn erkennend, ihn sogleich zu überreden, sie nach der Wartburg zu begleiten. Wie jedoch vorher gesagt, war es seine l e i d e n s c h a f t l i c h e L i e b e zu Elisabeth, die ihn in den Venusberg gebracht hatte, und er fühlt, daß er es nicht wagen darf, sich ihr zu nähern. Als letzten Überredungsversuch erzählt Wolfram von Eschenbach, daß Elisabeth ihn, Tannhäuser, liebe. Elisabeth war niemals bei den Sängerwettstreiten zugegen gewesen, seit Tannhäuser fort war. Wolfram von Eschenbach, einer der reinsten und herrlichsten Charaktere mittelalterlicher Geschichtsüberlieferung, ist nun bestrebt, das Glück von Elisabeth zu begründen, indem er Tannhäuser zu ihr zurückbringt, obgleich er sie selber liebt und ihm diese Tat das Herz bricht. Als Tannhäuser das hört, wird seine Seele aufs neue von Leidenschaft erfüllt, und er singt:

„Zu ihr! Zu ihr! Oh, führet mich zu ihr!
Ha, jetzt erkenne ich sie wieder,
Die schöne Welt, der ich entrückt!
Der Himmel blickt auf mich hernieder,
Die Fluren prangen reich geschmückt.
Der Lenz mit tausend holden Klängen
Zog jubelnd in die Seele mir;
In süßem, ungestümem Drängen
Ruft laut mein Herz: zu ihr, zu ihr!"

Als er Elisabeth im Schlosse begegnet, sagt sie zu ihm:

„Der Sänger klugen Weisen
Lauscht' ich sonst gern und viel;
Ihr Singen und ihr Preisen
Schien mir ein holdes Spiel.
Doch welch ein seltsam neues Leben
Rief Euer Lied mir in die Brust!

Bald wollt' es mich wie Schmerz durchbeben,
Bald drang's in mich wie jähe Lust.
Gefühle, die ich nie empfunden!
Verlangen, das ich nie gekannt! —
Was sonst mir lieblich, war verschwunden
Vor Wonnen, die noch nie genannt!
Und als Ihr nun von uns gegangen —
War Frieden mir und Lust dahin;
Die Weisen, die die Sänger sangen,
Erschienen matt mir, trüb ihr Sinn.
Im Traume fühlt' ich dumpfe Schmerzen,
Mein Wachen ward trübsel'ger Wahn;
Die Freude zog aus meinem Herzen —
Heinrich! Was tatet ihr mir an?"

Darauf antwortet Tannhäuser:

„Den Gott der Liebe sollst du preisen,
Er hat die Saiten mir berührt,
Er sprach zu mir aus meinen Weisen,
Zu dir hat er mich hergeführt!"

Da bekennt Elisabeth:

„Gepriesen sei die Stunde,
Gepriesen sei die Macht,
Die mir so holde Kunde
Von Eurer Näh' gebracht!
Von Wonneglanz umgeben
Lacht mir der Sonne Schein;
Erwacht zu neuem Leben,
Nenn ich die Freude mein!"

So hat Elisabeth in den Herzen zweier Minnesänger, Wolfram und Tannhäuser, Liebe erweckt. Doch wie verschieden diese Liebe ist, geht aus der Art hervor, in der jeder von ihnen das Thema im Sängerkrieg behandelt, den der Landgraf und Burgherr der Wartburg im zweiten Akt mit folgenden Worten einleitet:

„Gar viel und schön ward hier in dieser Halle
Von euch, ihr lieben Sänger, schon gesungen;
In weisen Rätseln wie in heitren Liedern
Erfreutet ihr gleich sinnig unser Herz.

— — —

Bereitet heute uns denn auch ein Fest,

— — —

Könnt ihr der L i e b e Wesen mir ergründen?
Wer es vermag, wer sie am würdigsten
Besingt, dem reich' Elisabeth den Preis."

Aus vorstehendem Vers gewinnen wir das rechte Verständnis des Zweckes und der Sendung von Rittertum und Minnesängern. Es war die Pflicht der Ritter, Krieg zu führen, mit dem Schwert alle die zu verteidigen, die in Not waren, mit starkem Arm die Schlacht für die Schwachen zu schlagen. Wenn ein Ritter den Ehrensatzungen folgte, die damals Gültigkeit hatten, die Schwachen verteidigte, Freund und Feind die Treue hielt, lernte er die Aufgabe, physischen und in gewisser Weise auch moralischen Mut zu erwerben, der so wichtig für die Entwicklung der Seele ist. Jeder, der den Pfad geistigen Strebens beschreitet, ist auch ein Ritter von edler Geburt, und es kommt ihm zu, die gleichen Tugenden zu verwirklichen, die das Rittertum erfordert; denn auf dem geistigen Pfade gibt es auch Gefahren und Orte, an denen Mut vonnöten ist. Der Geist, zum Beispiel kann nicht zur Befreiung gelangen ohne physische Unannehmlichkeiten. Krankheit gehört gewöhnlich in größerem oder geringerem Maße zum Seelenwachstum. Und es erfordert physische Stärke, das Leiden bis zur Erlangung dessen, nach dem wir alle streben, zu ertragen; und so den Körper für die Seele zu opfern.

Es war die Aufgabe des Minnesängertums, diese Stärke zu fördern und auch die höheren Tugenden zu erwecken. Alle Minnesänger hatten daher jenen poetischen Einschlag, der uns in Berührung mit den höheren und feineren Dingen in der Natur bringt, die von der gewöhnlichen Menschheit nicht wahrgenommen werden. Darüber hinaus waren viele unter den Minnesängern des Altertums selber Eingeweihte oder auch Laienbrüder. Daher erwiesen sich ihre Worte oft als Perlen der Weisheit. Man schaute auf zu ihnen als Lehrern, als weisen Männern, und sie waren Freunde des wahren Adels.

Es gab natürlich Ausnahmen, Tannhäuser jedoch gehörte nicht zu ihnen. Wir werden sehen, daß er trotz seiner Verfehlungen eine edle Seele ist. Und tatsächlich sollten wir uns daran erinnern, daß wir alle Tannhäuser sind, ehe wir Wolfram werden. Wir alle bekennen uns zu Tannhäusers Umgrenzung der Liebe, ehe wir in Wolframs geistige Auffassung hineinwachsen können, wie sie beim Wettstreit gegeben wird.

Es werden Lose gezogen, wer den Kampf beginnen soll. Wolframs Name erscheint zuerst. So beginnt er denn:

> „Blick ich umher in diesem edlen Kreise,
> Welch hoher Anblick macht mein Herz erglühn!
> So viel der Helden, tapfer, deutsch und weise,
> Ein stolzer Eichwald, herrlich, frisch und grün.
> Und hold und tugendsam erblick ich Frauen,
> Lieblicher Blüten düftereichsten Kranz.
> Es wird der Blick wohl trunken mir vom Schauen,
> Mein Lied verstummt vor solcher Anmut Glanz. —
> Da blick ich auf zu e i n e m nur der Sterne,
> Der an dem Himmel, der mich blendet, steht:
> Es sammelt sich mein Geist aus jeder Ferne,
> Andächtig sinkt die Seele in Gebet.
> Und sieh! Mir zeiget sich ein Wunderbronnen,
> In den mein Geist voll hohen Staunens blickt:
> Aus ihm er schöpfet gnadenreiche Wonnen,
> Durch die mein Herz er namenlos erquickt.
> Und nimmer möcht ich diesen Bronnen trüben,
> Berühren nicht den Quell mit frevlem Mut:
> In Anbetung möcht' ich mich opfernd üben,

> Vergießen froh mein letztes Herzensblut. —
> Ihr Edlen mögt in diesen Worten lesen,
> Wie ich erkenn der L i e b e r e i n s t e s W e s e n!"

Am Ende von Wolframs Gesang fährt Tannhäuser auf wie aus einem Traume. Er erhebt sich und singt:

> „Auch ich darf mich so glücklich nennen
> Zu schaun, was Wolfram, du geschaut!
> Wer sollte nicht den Bronnen kennen?
> Hör, seine Tugend preis ich laut!
> Doch ohne Sehnsucht heiß zu fühlen,
> Ich seinem Quell nicht nahen kann.
> Des Durstes Brennen muß ich kühlen,
> Getrost leg ich die Lippen an.
> In vollen Zügen trink ich Wonnen,
> In die kein Zagen je sich mischt:
> Denn unversiegbar ist der Bronnen,
> Wie mein Verlangen nie erlischt.
> So, daß mein Sehnen ewig brenne,
> Lab an dem Quell ich ewig mich:
> Und wisse, Wolfram, so erkenne
> Der Liebe wahrstes Wesen ich!"

Hier haben wir die genaue Schilderung der beiden Extreme der Liebe: die Liebe Wolframs von Seele zu Seele; die Liebe Tannhäusers als Liebe der Sinne. Die eine Liebe sucht zu geben, die andere zu besitzen, um zu empfangen. Das ist nur der Anfang des Sängerwettstreites, von dem wir weiter hören werden. Aber nachdem diese beiden Erklärungen von den Hauptvertretern abgegeben sind, sollte man wohl bemerken, daß Wolfram von Eschenbach als Vertreter der neuen und herrlichen Liebe dasteht, welche die erste Auffassung verdrängen wird.

Selbst heute noch wird bedauerlicherweise die alte Idee aufrechterhalten, daß Besitz das Merkmal der Liebe ist. Jene, die an Wiederverkörperung in abwechselnden Geschlechtern glauben, sollten durch diese Tatsache genügend überzeugt sein, daß, da die Seele bisexuell ist und unser Körper rudimentäre Organe des anderen Geschlechtes aufweist, es nicht mehr als recht und billig ist, daß jedes menschliche Wesen, ungeachtet des Geschlechts seines gegenwärtigen Körpers, die gleichen Rechte haben sollte wie das andere.

XVII

DIE SÜNDE, DIE NICHT VERGEBEN WERDEN KANN

Während des Sängerwettstreites wird das erhabene und himmlische Ideal der Liebe als Seelengemeinschaft von der Mehrzahl der Sänger aufgestellt, jedesmal jedoch kommt von Tannhäusers Seite eine leidenschaftliche Entgegnung, welche die sinnliche Liebe verteidigt. Schließlich, außer sich gebracht durch ihre scheinbar stumpferen Sinne, die Plattheit ihrer Äußerungen, die er als sentimentalen Unsinn betrachtet, ruft er aus:

„Armsel'ge, die ihr Liebe nie genossen,
Zieht hin, zieht in den Berg der Venus ein!"

Mit dieser Bemerkung ist das Geheimnis seiner unseligen Schuld an die Öffentlichkeit gebracht. Jedem wird es nun klar, daß er das begangen hat, was als schlimmster Zustand in der unverzeihlichen Sünde gilt, nämlich, Umgang gepflogen zu haben mit einem Ätherwesen. Sie fühlen, daß seine Verderbtheit außer dem Bereich der Erlösung liegt. Mit gezogenen Schwertern stürzen sie sich auf ihn. Sicher würden sie ihn getötet haben, wenn sich Elisabeth nicht ins Mittel gelegt und für ihn gebeten hätte, daß er nicht getötet werden möge in seinen Sünden, sondern daß ihm Zeit und Gelegenheit zur Buße gegeben werden möchte. In der Ferne hört man den Pilgerchor, und die Sänger kommen überein, daß sie ihm sein Leben schenken wollen, wenn er mit den Pilgern nach Rom zieht, um dort die Vergebung des Heiligen Vaters zu suchen.

Als Elisabeths Herzenskummer in ihrer Bitte für Tannhäuser hervorbricht, erkennt er wenigstens die Riesenlast seiner Schuld und wird von einem überwältigenden Gefühl seiner Verderbtheit ergriffen. Mit letzter Hoffnung ergreift er die dargebotene Gelegenheit, schließt sich der Pilgerschar an und zieht nach Rom. Er ist eine starke Seele, und nichts tut er halb. Seine Zerknirschung ist so echt, wie seine Sünde hartgesotten war. Sein ganzes Wesen verlangt nach Reinigung, damit er würdig werde, der hohen und edlen Liebe nachzustreben, die Elisabeth in seiner Brust weckte.

Die anderen Pilger sangen Lobgesänge, er wagte kaum in die Ferne zu blicken nach Rom und sagte nur: „Gott sei mir Sünder gnädig". Während sie rasteten und in Hospizen schliefen, bettete er sich im Schnee. Wenn sie auf ebenen Wegen gingen, schritt er durch Dornen, und als er nach Italien kam, verband er sich die Augen, so daß ihn nicht einmal die schönen Eindrücke jenes Landes erfreuen konnten, und reiste so der Ewigen Stadt entgegen.

Schließlich kam der Morgen, an dem er den Heiligen Vater sehen sollte, und Hoffnung stieg in seinem Herzen auf. Den ganzen Tag stand er geduldig und wartete, während Tausende glückverklärt vorüberzogen, die ersehnte Verzeihung dort erlangten und nun mit leichterem Herzen heimkehrten, um ein neues Leben zu beginnen.

Endlich kam er an die Reihe. Er stand in der erhabenen Gegenwart und wartete geduldig auf des Heiligen Vaters Botschaft, auf ein gutes Wort, das ihm Entzücken brächte. Stattdessen kamen die Donnerworte:

> „Hast du so böse Lust geteilt,
> Dich an der Hölle Glut entflammt,
> Hast du im Venusberg geweilt:
> So bist nun ewig du verdammt!
> Wie dieser Stab in meiner Hand
> Nie mehr sich schmückt mit frischem Grün,
> Kann aus der Hölle heißem Brand
> Erlösung nimmer dir erblühn!"

Bei dieser herzlosen Verkündung starb der letzte Funke Hoffnung in seiner Brust, und die Wollust, im Blute geboren, erhob ihr Haupt. Seine Liebe wandelte sich in Haß, und rasend vor Wut verfluchte er alles im Himmel und auf Erden und schwor, wenn er wahre Liebe nicht finden solle, zurückzukehren in die Bergeshöhle und Frau Venus wieder zu suchen. Er trennt sich von seinen Gefährten und reist allein in sein Heimatland zurück.

Unablässig hatten Elisabeths Gebete inzwischen um Vergebung für den Sünder gefleht. Hoffnungsvoll erwartete sie die Rückkehr der Pilger, aber als sie endlich ankamen und Tannhäuser nicht unter ihnen war, erfaßte sie Verzweiflung. Da sie nun keinen anderen Weg mehr wußte, verließ sie diese Phase ihres Lebens, um selber an dem Thron der Gnade vor unserem himmlischen Vater ihre Bitte vorzubringen. Ihrem Leichenzug begegnet der zurückkehrende Tannhäuser, der, von unaussprechlichem Schmerz getroffen, bei diesem Anblick zusammenbricht.

Gleichzeitig trifft ein anderer Pilgerzug ein und berichtet von einem großen Wunder, das sich in Rom ereignet habe. Der Stab des Papstes hatte zu grünen begonnen; ein Zeichen, daß ein Sünder, dem auf Erden Verzeihung verweigert war, im Himmel Vergebung erlangt hatte.

Obgleich die Legende in mittelalterliche und katholische Begriffe eingekleidet ist, und obgleich wir die Auffassung verwerfen, daß irgend ein Mensch Macht hat, Sünden zu vergeben oder Vergebung zu verweigern, enthält sie geistige Wahrheiten, die mit jedem Jahre mehr hervortreten. Sie handelt von der unverzeihlichen Sünde, der Sünde, die nicht vergeben werden kann, sondern gesühnt werden muß. Wie bekannt, ist Jehovah der höchste Eingeweihte der Mond-Periode, der Regent der Engel, die während des gegenwärtigen Schöpfungstages mit unserer Menschheit durch den Mond arbeiten. Er ist der Urheber der Zeugung und der Hauptfaktor bei der Schwangerschaft, der Geber von Nachkommenschaft für Mensch und Tier, der die Strahlungen des Mondes als Werkzeug für seine Arbeit benutzt zu den Zeiten, die der Befruchtung günstig sind. Jehova ist ein eifersüchtiger Gott, eifersüchtig auf sein Vorrecht. Und darum vertrieb er den Menschen aus dem Paradiese, als dieser vom Baum der Erkenntnis aß und seine Fortpflanzung selber in die Hand nahm und verbannte ihn, in der Wildnis der Welt zu wandern. Ihm wird dort keine Vergebung zuteil. Er muß in Arbeit und Schmerzen, der reifenden Frucht seiner Überschreitung, dafür büßen.

Vor dem Fall kannten die Menschen weder gut noch böse. Sie hatten getan, was ihnen gesagt wurde, und nichts weiter. Indem sie ihre Angelegenheiten selber in die Hand nahmen und durch den Schmerz und die Sorge, die ihrer Überschreitung folgten, lernten sie den Unterschied zwischen gut und böse kennen und wurden fähig zu wählen. Sie erlangten ein Vorrecht. Das ist der große Vorzug, der alle Leiden und Beschwerden mehr als aufwiegt, die der Mensch im Verlaufe seiner Buße für die Beleidigung des Lebensgesetzes auf sich nahm, des Vergehens, das darin liegt, den Zeugungsakt auszuführen, wenn die Gestirnstrahlungen ungünstig sind, wodurch schmerzhafte Geburten und eine Reihe anderer Übel hervorgerufen werden, deren Erbe die heutige Menschheit ist.

In diesem Zusammenhang kann erwähnt werden, daß der Mond das Zeichen Krebs regiert, und der Krebs in seiner bösartigen Form keine Heilung zuläßt, ungeachtet der von der Wissenschaft immer wieder hervorgebrachten Heilmittel. Die Untersuchung der Lebenswege von Personen, die an dieser Krankheit leiden, hat in jedem Falle ergeben, daß der Betroffene während früherer Leben der Sinnlichkeit aufs Äußerste hingegeben war, obwohl ich nicht bereit bin, dies als Gesetz hinzustellen, da hierzu eine genügende Anzahl von Untersuchungen noch nicht erfolgt ist. Es ist jedoch bedeutsam, daß Jehova, der Heilige Geist, die Zeugungsfunktionen durch den Mond regiert, daß der Mond im Zeichen Krebs Herrscher ist, und jene Menschen, welche die Geschlechtskraft in einem ausgesprochen starken und tierischen Ausmaß mißbrauchen, später von der Krankheit befallen werden, die man mit Krebs bezeichnet; daß Krebs unheilbar ist und so den Ausspruch der Bibel wahr macht, daß alle Dinge vergeben werden können, nur nicht die Sünde wider den Heiligen Geist.

Es besteht ein mystischer Zusammenhang: zwischen dem Cherubim mit dem flammenden Schwert vor dem Garten Eden und dem Cherubim mit der offenen Blume am Eingang zu Salomos Tempel; zwischen dem Speer und dem Gralsbecher; zwischen Aarons Stab, der blühte, und dem Stab des Papstes, der zu grünen begann in Verbindung mit dem Tode der reinen und keuschen Elisabeth, durch deren Eingreifen der Flecken an der Seele des unstet irrenden Tannhäuser getilgt wurde. Keiner, der nicht die entsetzliche Qual der Versuchung erfahren hat, kann sich die Lage eines Gefallenen vergegenwärtigen. CHRISTUS selber fühlte in dem Körper von Jesus alle Leidenschaften und Versuchungen, denen wir selber unterworfen sind. Das geschah zu dem Zwecke, daß Er uns als ein Hoherpriester gnädig sein könne. Daß Er versucht wurde, beweist, daß Versuchung an sich keine Sünde ist. Das Nachgeben ist Sünde. Daher war Er ohne Sünde. Wer so versucht werden und so widerstehen kann, ist natürlich hoch entwickelt. Aber wir wollen uns erinnern, daß keiner der gegenwärtigen Menschheit jene Stufe der

Vollkommenheit erreicht hat, und daß wir bessere Männer und Frauen sind, weil wir gesündigt und als Folge dessen gelitten haben bis wir die wichtige Tatsache erkannten, daß der Weg des Übertreters schwer ist und wir auf den Pfad der Tugend zurückkehrten, auf dem allein der innere Friede zu finden ist. Solche Männer und Frauen sind weiter in ihrer geistigen Entwicklung als die, welche ihr Leben in einer geschützten Umgebung der Reinheit verbrachten. Dies veranlaßte CHRISTUS, zu sagen, daß mehr Freude im Himmel sein würde über einen Sünder, der Buße tut, als über neunundneunzig Gerechte, die keiner Buße bedürfen.

Es liegt eine sehr wichtige Unterscheidung zwischen Unschuld und Tugend, und was noch wichtiger ist: w i r s o l l t e n u n s d e n T r u g s c h l u ß d e r d o p p e l t e n B e w e r t u n g d e s B e t r a g e n s k l a r m a c h e n, der dem Manne Freiheiten gewährt oder gar zuweist, während ein solcher Fehltritt das Leben einer Frau vernichtet. Wer heute ein Weib erwählt und später erfährt, daß ihr Leben durch einen Fehltritt verdunkelt war, für den sie büßte, der sollte wissen, daß ein solches Weib, das den Kummer und die Not kennt und dadurch Mitleid und Nachsicht gelernt hat, auf solche Weise Eigenschaften erworben hat, die sie befähigen, eine bessere und mitfühlendere Gefährtin zu sein als eine, die „unschuldig" auf der Schwelle zum Leben steht, in Gefahr, der ersten Versuchung als leichte Beute anheimzufallen.

XVIII
DER GRÜNENDE STAB

Im Prolog zum Faust sagt GOTT, den Helden betreffend:
„Wenn er mir jetzt auch nur verworren dient,
So werd ich ihn bald in die Klarheit führen.
Weiß doch der Gärtner, wenn das Bäumchen grünt,
Daß Blüt und Frucht die künft'gen Jahre zieren."
Das ist tatsächlich der Fall in bezug auf die ganze Menschheit. Augenblicklich dienen wir GOTT alle nur unvollkommen wegen unseres beschränkten geistigen Gesichtes. Wir haben nicht die wirkliche und wahre Auffassung dessen, worauf es ankommt, und wie wir unsere Talente gebrauchen sollten, mit denen wir begabt sind. Trotzdem führt GOTT uns durch den Fortgang der Evolution ständig in größeres und helleres Licht, und mit der Zeit werden wir aufhören, geistig unfruchtbar zu sein: wir werden blühen und Früchte tragen. Dann werden wir fähig sein, GOTT zu dienen, wie wir es zu tun wünschen, und nicht wie wir es jetzt tun.

Während das Vorstehende im allgemeinen für alle gilt, gilt es im besonderen für jene, die im Rampenlicht als Lehrer stehen; denn natürlich sind die Schatten am tiefsten, wo das Licht am stärksten ist, und die Unvollkommenheiten derjenigen unter uns, welche die Bürde des Lehrens auf sich nehmen müssen, treten aus diesem Grunde meistens noch mehr in Erscheinung.

In der Erzählung von Tannhäuser verschließt der Papst dem Reuigen die Tür der Hoffnung, da der Buchstabe des Gesetzes es verlangt; doch GOTTES Gnade kann nicht zu Schanden werden. Der Stab des Papstes grünt zum Zeichen, daß dem Büßenden wegen seiner aufrichtigen Buße vergeben wurde, durch die das Übel aus den Aufzeichnungen im Keim-Atom gelöscht wurde. So ist durch ein höheres Gesetz das untergeordnete aufgehoben.

In dieser Legende vom Stab des Papstes gibt es eine Ähnlichkeit mit der Erzählung vom Heiligen Gral und dem Speer; mit Aarons Stab, der blühte, und dem Stab von Moses, der das Wasser des Lebens aus dem Felsen schlug. Alle haben eine wichtige Beziehung zu dem Problem des geistigen Lebens des Schülers, der beabsichtigt, den Pfad des höheren Lebens zu beschreiten, und, wie Kundry, bemüht ist, die bösen Taten früherer Leben wieder gut zu machen durch das gegenwärtige Leben im Dienste des höheren Selbst. Die Gralslegende unterscheidet zwischen dem Gralsbecher selber und seinem Inhalt, dem „Reinigenden Blut".

Von Luzifer geht die Sage, daß er, als er mit dem Erzengel Michael um den Leib von Moses rang, den kostbarsten Stein aus seiner Krone verlor. Er hatte sich während des Kampfes gelöst. Dieses wunderbare Kleinod, keinem anderen vergleichbar, war ein Smaragd, „Exilir" genannt. Er wurde in den Abgrund geschleudert, aber die Engel entdeckten ihn, und aus ihm wurde der Kelch oder Heilige Gral gemacht, der später dazu diente, das „Reinigende Blut" aufzubewahren, das aus des Heilands Seite floß, die der Speer des römischen Söldners durchbohrt hatte. Zunächst ist die Tatsache zu beachten, daß der Stein ein Smaragd war: er war grün. Grün ist die Vereinigung von Blau und Gelb, somit die Komplementärfarbe der dritten Grundfarbe, Rot. In der physischen Welt hat Rot die Eigenschaft, zu erregen und anzufeuern, während Grün eine abkühlende und beruhigende Wirkung hat. Das Gegenteil jedoch ist der Fall, wenn wir die Sache von dem Gesichtspunkt der Empfindungs-Welt aus betrachten. Da ist die Komplementärfarbe die aktive und hat jene Wirkung auf unsere Wünsche und Erregungen, die wir der physischen Farbe zuschreiben. So zeigt die grüne Farbe des Edelsteines, den Luzifer verlor, die Natur und Wirkungsweise auf unsere Begierden an. Dieser Stein ist das Gegenstück zum Stein der Weisen. Er hat die Macht, Leidenschaften anzuziehen und die geschlechtliche Liebe zu erregen, die das genaue Gegenteil zu der keuschen und reinen Liebe ist, die der apokalyptische „Weiße Stein" (Offb. 2, 17) symbolisiert, welcher die Liebe von Seele zu Seele darstellt. Da dieser Einfluß der Komplementärfarben wohl bekannt ist, wenngleich nicht bewußt verstanden wird, sprechen wir auch von Eifersucht, die durch unreine Liebe hervorgerufen wird, als von dem grünäugigen Ungeheuer.

Der Heilige Gral findet seine Entsprechung in dem Kelch oder Samenbehälter der Pflanze, welcher grün ist. Das schöpferische Feuer schlummert im Samenbehälter. Dieses schöpferische Feuer muß in einem jeden offenbar werden, der sich auf die Suche nach dem Heiligen Gral begibt. Wille ist die männliche Eigenschaft der Seele, Einbildungskraft die weibliche. Wenn Wille das stärkste Merkmal der Seele in einem gewissen Leben ist, trägt sie männliche Umhüllung, und in einem anderen Leben, wenn ihre Vorstellungskraft größer ist, hüllt sie sich in das Gewand der Weiblichkeit. So trägt die Seele unter dem Gesetz des Wechsels, das während dieses Zeitalters des Regenbogens herrscht, ein wechselndes Gewand in wechselndem Leben; aber ob das Geschlecht weiblich oder männlich ist, das Organ des entgegengesetzten Geschlechtes ist in jedem in unentwickeltem Zustande vorhanden. So ist der Mensch jetzt, und so lange der physische Körper bestehen bleibt, sowohl männlich als auch weiblich.

In der altehrwürdigen Vergangenheit — sein Bewußtsein war noch auf die geistige Welt gerichtet — war er eine vollkommene schöpferische Einheit; beide Geschlechtsorgane waren in gleicher Weise entwickelt, wie man es heute bei vielen Pflanzen findet. Er war damals fähig, einen neuen Körper hervorzubringen, wenn der alte verbraucht war, aber er war sich damals noch nicht im selben Maße wie heute der Tatsache bewußt, daß er einen Körper hatte. Dann erzählten einige, die Pioniere waren — einige, die klarer zu sehen vermochten als andere — ihren

Gefährten die seltsame Geschichte, daß der Mensch einen Körper habe. Man begegnete ihnen oft mit denselben Zweifeln, die jetzt denen gezeigt werden, die erklären, daß wir eine Seele haben.

So ist die symbolische Geschichte von Luzifer, der den grünen Edelstein verlor, die Geschichte, die uns erzählt, wie der Mann aufhörte, sich selbst zu kennen und begann, sein Weib zu erkennen; wie der Gral verloren ging, und wie er nur wieder gefunden werden kann durch die Reinigung des leidenschafterfüllten physischen Blutes, das ursprünglich in dem grünen Gefäß enthalten war.

Zu einer günstigen Zeit des Jahres, nicht früher, nicht später, durchdringen die von den himmlischen Gestirnen ausgesandten Strahlen das verborgene Samenkorn und wecken seine latente Schöpferkraft zu aktivem Leben. Dann entsprießt eine neue Pflanze dem Boden, um wieder die Erde zu verschönen. So wird der Zeugungsakt in vollkommener Harmonie mit dem Naturgesetz vollzogen und Schönheit entspringt ihm, die Erde zu schmücken. Anders stellt sich dieses Geschehen in der Menschheit dar seit die weibliche Eigenschaft der Vorstellungskraft durch Luzifer angeregt wurde.

Jetzt wird der Zeugungsakt ohne Rücksicht auf die günstigen Gestirnstrahlungen vorgenommen, und als Folge kamen Sünde und Tod in die Welt. Von der Zeit an war das geistige Licht im Abnehmen, und wir sind jetzt blind für die Herrlichkeit des Himmels.

In den Händen der göttlichen Anführer der Menschheit, deren einer durch Aaron dargestellt wird, war der lebendige Stab ein Träger der Macht. Später vertrocknete der grünende Stab und wurde beiseite gelegt in die Bundeslade. Wir sollen nicht daraus schließen, daß es in dieser Hinsicht keine Wiederherstellung, keine Erlösung für uns gibt. Denn wie der Mensch verbannt wurde aus dem himmlischen Zustande, als der grüne Stein der Leidenschaft und des Begehrens aus Luzifers Krone hinabrollte, der dann die Menschheit durch Zeugung (Generation) zur Entartung (Degeneration) führte, so gibt es auch den weißen Stein, den Stein der Weisen, das Symbol der Befreiung. Indem die Zeugungskraft zur Erneuerung (Regeneration) verwendet wird, überwinden wir Tod und Sünde. Dann verleiht sie uns Unsterblichkeit und führt uns zu CHRISTUS.

Das ist die Botschaft der Erzählung von Tannhäuser. Leidenschaft ist Gift. Mißbrauch der Geschlechtskraft unter der Herrschaft Luzifers ist das Mittel gewesen, uns in die Finsternis der Entartung hinabzuführen. Die gleiche Kraft jedoch, in umgekehrte Richtung gebracht und für die Zwecke der Erneuerung (Regeneration) gebraucht, hebt uns heraus aus der Finsternis und in den himmlischen Zustand, wenn wir auf diese Weise die Schlacht gewonnen haben. Durch Leidenschaft wurde der Geist in den Körper kristallisiert, und nur durch Keuschheit können die Fesseln gelöst werden; denn der Himmel ist die Heimat der Jungfrau, und nur insofern als wir die Liebe aus dem Zustande der Geschlechtlichkeit zu dem der Seelengemeinschaft erheben, können wir die Ketten zerbrechen, die uns binden. Erst, wenn wir lernen, unbefleckt zu empfangen, werden Erlöser geboren, welche die Fesseln der Sünde und Sorge lösen, die uns jetzt binden.

Bei der Verwirklichung dieses Ideals wollen wir uns jedoch daran erinnern, daß Unterdrückung der sexuellen Begierde kein Zölibat ist; der Intellekt muß zustimmen, und wir müssen willig sein, uns der Unkeuschheit zu enthalten. Das kann nur geschehen durch das, was der Mystiker nennt: „Das Weib in sich selber finden". (Natürlich gilt für die Frau das Umgekehrte, sie findet den Mann in sich selber.) Wenn wir dies erkannt haben, gelangen wir an den Punkt, wo wir dasselbe reine Leben wie die Blume führen können.

In diesem Zusammenhange ist es aufklärend, sich zu vergegenwärtigen, daß der „Hüter der Schwelle", dem wir gegenüberstehen müssen, ehe wir in die überphysischen Welten eintreten können, immer die Erscheinung eines Wesens vom entgegengesetzten Geschlecht annimmt. Doch scheinen wir es selber zu sein. Man sollte verstehen, daß, je ausschweifender und wollüstiger wir gewesen sind, desto fürchterlicher das Aussehen dieses Ungeheuers sein wird. Und Parsifal, der vor Kundry stand, nachdem die Verweigerung seiner Einwilligung sie in eine Megäre verwandelt hatte, ist tatsächlich an dem Punkt angelangt, an dem der Schüler dem „Hüter" von Angesicht zu Angesicht gegenübersteht, bevor ihm der Speer in seine Hände gegeben wird.

LOHENGRIN

XIX

DER SCHWANENRITTER

Unter den vielen Opern von Wagner ist vielleicht keine andere so allgemein beliebt wie Lohengrin. Das ist wahrscheinlich der Fall, weil die Erzählung bei oberflächlicher Betrachtung so sehr einfach und schön erscheint. Die Musik ist von auserlesenem Wohlklang und ähnelt nicht der Musik von anderen Opern des Komponisten, die auf Mythen gegründet sind, wie Parsifal, der Ring des Nibelungen, ja selbst Tannhäuser.

Obgleich die letztgenannten Werke die Menschen ihres geistigen Gehaltes wegen mächtig ergreifen (ob sie sich dieses Gehaltes bewußt sind oder nicht), so sind sie in Amerika, wo der Geist für Mystisches nicht so stark ausgeprägt ist wie in Europa, bei der Menge nicht beliebt.

Anders ist es mit Lohengrin. Hier werden wir in eine Zeit versetzt, in der das Rittertum in voller Blüte stand. Das symbolische Bild, die Ankunft von Lohengrin und dem Schwan als Antwort auf das Gebet Elsas, ist nur dem uneingeweihten Zuschauer ein hübscher poetischer Einfall ohne tiefere Bedeutung. In dieser Mythe wird eines der höchsten Erfordernisse für die Initiation offenbart — Glaube. Wer diese Kraft nicht besitzt, wird nie das Ziel erreichen; ihr Besitz jedoch ist imstande, viele Fehler umzuwandeln.

Der Gang der Handlung ist kurz folgender: Der Erbe des Herzogs von Brabant ist verschwunden. Er ist noch ein Kind und der Bruder von Elsa, der Heldin des Spiels, die in der Eingangsszene von Ortrud und Telramund, ihren Feinden, angeklagt ist, diesen jungen Bruder beseitigt zu haben, um selbst in den Besitz des Herzogtums zu gelangen. Auf diese Anklage hin ist sie vor den königlichen Gerichtshof befohlen, um sich gegen ihre Beschuldiger zu verteidigen. Es meldete sich bisher noch kein Ritter, um sich ihrer Sache anzunehmen und ihre Widersacher zu bekämpfen. Da erscheint auf dem Fluß ein Schwan, auf dem ein Ritter steht. Der Schwan schwimmt nach dem Ort, an dem das Gericht abgehalten wird. Der Ritter springt ans Ufer und bietet sich an, Elsa zu verteidigen unter der Bedingung, daß sie ihn heiratet. Sie sagt bereitwillig ja; denn er ist ihr kein Fremder. Sie hat ihn oft in ihren Träumen gesehen und liebt ihn schon lange. Im Zweikampf zwischen dem unbekannten Ritter und Telramund wird Telramund geschlagen; doch wird ihm sein Leben großmütig von dem Sieger geschenkt, der Elsa als seine Braut heimführt. Er hatte jedoch noch eine Bedingung gestellt, nämlich die, daß sie niemals fragen dürfe, wer er sei und woher er käme. Da er gut und edel erscheint und wie eine Antwort auf ihr Gebet kommt, nimmt sie auch diese Bedingung an und vermählt sich mit ihm.

Wenngleich für den Augenblick geschlagen, geben Ortrud und Telramund ihre Verschwörung gegen Elsa keineswegs auf. Ihr nächster Schachzug ist, Elsas Gemüt gegen ihren edlen Beschützer zu vergiften, damit er sich von ihr wende, und sie ihnen wieder ausgeliefert werde; denn sie hoffen, für sich selbst das Herzogtum zu sichern, dessen rechtmäßige Erben Elsa und ihr Bruder sind. In dieser Absicht erscheinen beide vor Elsas Tür, und es gelingt ihnen, sich Gehör zu verschaffen. Sie geben vor, äußerst reumütig wegen ihres begangenen Unrechts und sehr besorgt um Elsas Wohlergehen zu sein. Es schmerzt sie sehr, sagen sie, daß Elsa von einem Menschen errungen worden sei, dessen Name sie nicht einmal kenne, und der so ängstlich sei, seine Herkunft könne bekannt werden, daß er ihr verboten habe, sie nach seinem Namen zu fragen, weil er ihr sonst durch seinen Weggang Schmerzen bereiten müßte. Es müsse in seinem Leben irgend etwas geben, dessen er sich schämt, so mutmaßen sie, was das Licht des Tages scheue. Warum sonst sollte er einer Frau, der er sich für sein ganzes Leben verbinden möchte, die Kenntnis seiner Person und seiner Vergangenheit verweigern.

Durch diesen Argwohn wecken sie den Zweifel in Elsas Seele. Sie kehrt nach dieser Unterhaltung verwandelt zu Lohengrin zurück. Er bemerkt den Unterschied und fragt nach der Ursache. Schließlich gibt sie zu, daß die Ungewißheit über ihn sie plagt, und sie seinen Namen wissen möchte. Dadurch hat sie die Bedingung gebrochen, die ihr auferlegt war, und er sagt ihr, daß nun, da sie an ihm gezweifelt habe, es ihm unmöglich sei, bei ihr zu bleiben. Vor ihr, dem König und den Brabantern bekennt er:

> „Vom Gral ward ich zu euch daher gesandt:
> Mein Vater Parsifal trägt seine Krone,
> Sein Ritter ich — bin Lohengrin genannt."

Weder Tränen noch Beteuerungen können ihn in seinem Entschluß zu gehen, wankend machen. Sie begeben sich zum Fluß hinab, und es erscheint der Schwan. Der verwandelt sich und steht als Elsas Bruder da, der fortan ihr Beschützer wird an Stelle des scheidenden Lohengrin.

Wie gesagt, die Geschichte von Lohengrin behandelt eine der wichtigsten Aufgaben, die auf dem Pfade zu lernen sind; keiner erlangt eine Einweihung, ohne sie gelernt zu haben. Um diesen Punkt voll zu begreifen, ist es wichtig, zuerst das Symbol des Schwanes zu betrachten, zu erforschen, was sich hinter ihm verbirgt, und zu erfassen, warum das Symbol gebraucht wird.

Wer die Oper „Parsifal" kennt oder aufmerksam die Literatur über den Gral gelesen hat, weiß, daß der Schwan das Abzeichen war, das alle Gralsritter trugen. In der Oper selber werden zwei Schwäne erwähnt, die das Wasser des Sees weihten als heilendes Bad für den leidenden König Amfortas. Parsifal erschießt in der Eingangsszene einen dieser Schwäne. Ihm wird viel Leiden von den Gralsrittern wegen dieser ungebührlichen Grausamkeit angekündigt.

Der Schwan ist fähig, in verschiedenen Elementen zu leben. Er kann mit großer Schnelligkeit durch die Luft fliegen; er gleitet majestätisch durch das Wasser, und durch seinen langen Hals ist er imstande, in die Tiefen einzudringen und alles zu erforschen, was sich am Grunde eines nicht zu tiefen Gewässers befindet. Er ist deshalb ein geeignetes Symbol des Eingeweihten, des Initiierten, der zufolge der in ihm entwickelten Macht fähig ist, sich in höhere Bereiche aufzuschwingen und sich in verschiedenen Welten zu bewegen. Wie der Schwan den Raum durchfliegt, so kann jemand, der die Kräfte seines Seelenleibes entwickelt hat, in jenem über Berge und Seen reisen. Wie der Schwan unter die Oberfläche des Wassers taucht, kann der Initiierte in seinem Seelenleib in die Tiefen der Erde eindringen; denn weder Feuer, Erde, Luft noch Wasser bringen ihm Gefahr. In der Tat wird den Unsichtbaren Helfern als eines der ersten Dinge gelehrt: Wenn sie mit dem so oft erwähnten Goldenen Hochzeitskleid bekleidet sind, sind sie in ihren feineren, vom physischen Leib getrennten Trägern immun gegen jede Gefahr, die ihnen beim Verweilen im physischen Leib zustoßen kann. Sie können also in ihren unsichtbaren Trägern unversehrt in ein brennendes Gebäude gehen und dort den Menschen helfen, die in Gefahr sind, manchmal auf ganz wunderbare Weise. Oder sie können sich im Seelenleib an Bord eines sinkenden Schiffes begeben und die Menschen ermutigen und trösten, die kurz vor der großen Wandlung durch den Tod stehen.

Die alte nordische Mythologie erzählt uns, wie die edlen Krieger jener vergangenen Zeit, wenn sie endgültig besiegt und tödlich verwundet waren, ihren Schwanengesang anstimmten. Aber es darf nicht einen Augenblick vorausgesetzt werden, daß nur der rohe Kampf auf dem Schlachtfeld, mit Schwert und Lanze ausgefochten, gemeint war, sondern daß hier vielmehr vom inneren Kampf die Rede war. Wenn eine edle Seele den Kampf des Lebens gut gekämpft hatte, wenn sie schließlich das erreicht hatte, was in jenen Tagen möglich war, sang sie ihr Schwanenlied, das heißt, sie nahm ihr Gelübde der Initiation auf sich und wurde fähig, einen neuen Bereich zu betreten, um dort anderen zu helfen wie sie ihnen hier geholfen hatte; denn es war seit jeher die heilige Pflicht eines edlen Ritters, den Schwachen und schwer Beladenen beizustehen.

Elsa ist die Tochter eines Königs. Sie ist so von höchster und edelster Herkunft. Keiner, der nicht auf diese Art w o h l g e b o r e n ist, kann die Dienste eines solchen Ritters wie Lohengrin in Anspruch nehmen. Natürlich gibt es in der Menschheit weder hoch noch niedrig, außer mit Bezug auf unsere Stellung auf der Stufenleiter der Evolution. Wenn eine Seele lange auf der Bühne des Lebens war, wenn sie viele, viele Leben hindurch in die Schule des Lebens ging, dann erwirbt sie sich allmählich jenen Adel, der aus dem Erlernen der Lektionen und dem Arbeiten entlang der Richtlinien entsteht, die von den Schulmeistern festgelegt wurden, den Älteren Brüdern, die uns die Lektionen des Lebens lehren. Der Adel, den wir durch den Eifer erworben haben, unseren weniger weit fortgeschrittenen Mitmenschen gegenüber Liebestaten zu vollbringen, ist der Schlüssel zu ihrer Gunst. Und deshalb wurde, als Elsa in Bedrängnis war, eine edle Seele ausgesandt, sie zu lehren und zu führen.

In der Offenbarung des Johannes lesen wir von der mystischen Hochzeit der Braut und des Lammes. Diese Hochzeit findet in der Erfahrung einer jeden Seele auf dem Pfade immer unter ähnlichen Umständen statt. Eines der ersten Erfordernisse ist, daß die Seele von jedermann sonst verlassen sein muß; sie muß allein stehen ohne einen einzigen Freund in der Welt. Wenn dieser Punkt erreicht wurde, wenn die Seele keinen Beistand aus irdischer Quelle mehr sieht, wenn sie sich mit ganzem Herzen dem Himmel zuwendet und um Erlösung bittet, dann kommt der Erlöser und auch das Anerbieten der Ehe. In anderen Worten: der wahre Lehrer kommt immer als Antwort auf das ernste Gebet des Strebenden, aber nicht bevor er die Welt verließ und von der Welt verlassen wurde. Er erbietet sich, den, der sich so nach Führung sehnt, in seine Obhut zu nehmen und besiegt dann die Unwahrheit mit dem Schwerte der WAHRHEIT. Ist aber dieser Beweis gegeben, verlangt er hinfort unbedingten, unbedenklichen Glauben. M a n   b e a c h t e — lasse es sich ins Gedächtnis eingraben, mit feurigen Lettern dem ganzen Wesen einbrennen, daß, wenn die Antwort auf das Gebet gekommen ist (ein Gebet sind nicht nur Worte, sondern es ist auch ein vom Streben erfülltes Leben), auch der unzweifelhafte fraglose Beweis der Macht und Fähigkeit des Lehrers zu lehren, zu leiten und zu helfen gegeben wird. Und dann wird die Bedingung gestellt, daß fortan unbedingtes Vertrauen in den Lehrer gesetzt werden muß, sonst wird es ihm unmöglich, mit dem Strebenden zu arbeiten.

Das ist die große Lehre, welche die Mythe von Lohengrin dem Menschen vermittelt. Sie ist von überragender Bedeutung; denn Tausende ziehen heutzutage ihre Straßen in vielen Städten und blicken hierhin und dahin auf der Suche nach einem Lehrer. Einige behaupten, ihn gefunden zu haben oder täuschen sich selbst in dem Glauben, daß es geschehen sei. Aber die Bedingung, die Lohengrin aufstellt, ist ein tatsächliches Erfordernis. Der Lehrer wird und muß seine Fähigkeit beweisen. An seinen Früchten wird er erkannt. Dafür fordert er t r e u e   E r g e b e n h e i t . Und wenn nicht dieser Glaube, diese Treue, diese

Bereitschaft zu dienen, willig zu tun, was immer als notwendig verlangt werden muß, aus dem Strebenden hervorbricht, endet diese Beziehung. Wie heiß auch die Tränen der Reue sein mögen, die der Strebende vergießt, der seinem Lehrer die Treue nicht hielt, wie aufrichtig er bereuen mag, die nächste Gelegenheit bietet sich nicht noch einmal in dem gegenwärtigen Leben.

Darum ist es von größter Wichtigkeit, daß diejenigen, die nach Initiation trachten, begreifen, daß der erklärte Lehrer ihnen etwas schuldig ist, ehe sie ihn annehmen. Er muß die Früchte seiner Arbeit zeigen; denn wie CHRISTUS sagte: „An ihren Früchten sollt ihr sie erkennen." Das tut der rechte Lehrer immer ungebeten, und **ohne den Anschein zu erwecken, daß er es tut**, oder den Wunsch zu zeigen, daß er ein Zeichen geben will. Er bringt immer eine Augenscheinlichkeit zustande, an die sich das Gemüt des Strebenden als unzweifelhaften Beweis seines überlegenen Wissens und seiner Fähigkeiten halten kann. Wenn dieses erwiesen ist, dann **ist es durchaus wesentlich, daß Treue gegenüber dem Lehrer daraus folgen muß**. Dessen ungeachtet, was der eine oder der andere sagen mag, soll der Schüler sich nicht stören lassen, sondern unentwegt an der bewiesenen Tatsache festhalten, dem anhangen, das er als wahr erkannt hat und treulich dem Wertschätzung entgegenbringen, von dem er Belehrung erwartet; denn wenn kein Glaube da ist und kein Vertrauen, hat es keinen Zweck, die Beziehungen aufrecht zu erhalten.

Es ist noch sehr bedeutungsvoll, daß, wie aus dem letzten Bild hervorgeht, Elsas Bruder der Schwan war, der Lohengrin zu seiner Schwester geführt hatte, und der seine natürliche Gestalt wieder erlangte als Lohengrin scheiden mußte. Er war durch die Einweihung hindurchgegangen. Er kannte ohne Zweifel den Zustand seiner Schwester, wie eine fortgeschrittene Seele auf dem gleichen Pfade, die um die Kämpfe einer anderen weiß.

Aber obgleich er die mißliche Lage dieser schönen Seele, seiner Schwesterseele, sah, fürchtete er nichts; denn war er nicht das Mittel, ihr den Beistand zu bringen, den sie immer hätte haben können, wenn sie die Treue gehalten hätte wie er?

INDEX

Seite

Aaron, einer der Anführer der Menschheit 123
Aaron, Stab des, symbolisiert geistige Macht der Religion 64
Adel, Erwerbung des 130
Ältere Brüder vom Rosenkreuz, Lehrer für geistig Strebende . . . 14
Äpfel, goldene, lebensspendende Nahrung der Götter 62, 64
Ätherkörper, siehe Lebensleib
Affen, Degeneration der 27, 28
Affen, unter Aufsicht der Luzifergeister 27
Alberich, Pionier der Menschheit 59, 60
Amerika, elektrische Atmosphäre von 104
Amerika, Geist für Mystisches nicht so stark ausgeprägt in . . . 126
Anstrengung, Fortschritt erzielt durch 64, 65
Anziehung, Gesetz der 21
Apokalypse und Götterdämmerung 96
Arche, symbolisch für die Lungen 100
Arche, trug die Pioniere der Menschheit in das neue Zeitalter . . 100
Arische Epoche = Aryana 106
Aryana, atmosphärische Bedingungen von 106
Aryana, die nachatlantische Erdepoche, heutige Welt 62
Aspirant, Anwärter, Strebender — nach einer höheren Stufe
des Bewußtseins 16
Aspirant, muß Selbstsicherheit entwickeln 16
Astralkörper, siehe Empfindungsleib
Astralwelt, siehe Empfindungs-Welt
Atlantier, hatten kein individualisiertes Ego 58
Atlantier, symbolisiert durch Rheintöchter 58
Atlantis, dichte Nebelatmosphäre von 58
Atlantis, Kinder-Menschheit der 58

Atlantische Epoche, spätere, Barbarei der 95, 96
Atmosphäre, Aufklärung der, unterstützt Wahrnehmung
 der Selbstheit 60
Atmosphäre der pazifischen Küste enthält im Äther keine
 mythischen Bilder mehr 57
Ausgleich, Gesetz des 28
Baum der Erkenntnis 117
Baum des Lebens = Yggdrasil 70
Befreiung, Freiheit von der Wiedergeburt 53
Berichterstattende Engel, Unfehlbarkeit der 65
Bifrost, Regenbogenbrücke 62
Blut des Grals, reinigendes 121
Blut, Eisen enthalten im, zum Mars gehörend 23
Blut, erbaut durch den Geist 23
Blut, Erneuerungskraft des gereinigten 24
Blut, Extrakt des Lebensleibes 23
Blut, individuelle Struktur des 23
Blut, Sitz der Seele 23
Brünne = Brust, Panzer 67
Brünnhilde, Geist der WAHRHEIT 67, 79, 80, 94
Brünnhilde, Gestalt in Wagners Oper 67
Brünnhilde, Lieblingstochter Wotans 68
Brünnhilde, Schlaf der 74
Brunhilde, Gestalt in der nordischen Mythologie 67
Buße, löscht die Aufzeichnungen im Keim-Atom aus 120
Christentum und Religion des VATERS 14
CHRISTUS, fühlte im Körper von Jesus menschliche
 Versuchung 118
CHRISTUS, Evolutionsprinzip des 55
CHRISTUS, Hilfe des, für Gefallene 31, 32
CHRISTUS, jeder Sohn von Seth soll alles verlassen für 32
CHRISTUS — siehe auch: Erdgeist
CHRISTUS, verändert geistige Struktur der Menschheit 48
CHRISTUS, Wiederkehr im Lebensleib von Jesus 17, 19
CHRISTUS-Geist, Eintritt in die Erde 14, 18
CHRISTUS Jesus, unser Hoherpriester 118

Dogma, Nützlichkeit des	65
Dogma, verfolgt jeden, der sich vom Herkömmlichen trennt	83
Dogma, verursacht Verfall der Religion	64
Doppelte Bewertung des Betragens, Trugschluß des	119
Eden, Garten	57
Ego, in einen Ring von getrennten Trägern eingehüllt	63
Ego, lenkt Handlung durch Gedanken	39
Ego, symbolisiert durch den Ring	79
Ehebruch, geistiger	96
Ehre, fehlt im Kampf der getrennten Selbstheit	87
Eifersucht, erzeugt von Exilier	122
Eifersucht, grünäugiges Ungeheuer	122
Eingeweihter, Herr verschiedener Elemente	129
Einweihung, freigegeben durch CHRISTUS	48
Einweihung = Initiation	12
Einweihung, Worte der Macht gegeben in	12
Eisen, ein Mars-Metall	23
Empfindungsleib, Bewegungen des, verflüchtigen schnell	56
Empfindungsleib, weniger kristallisiert als der Lebensleib	56
Empfindungs-Welt, die Welt der Farbe	39
Empfindungs-Welt, Komplementärfarben in der	121
Empfindungs-Welt, Welt der Begierde und Illusion	81
Ende, vorzeitiges, plötzliches	29
Engel des Jehova, negativer Einfluß der	20
Erde, Aktivität unter äußerer Schicht	13
Erde, ihre ehemalige Verbindung mit Planeten	23
Erde, neue, Veränderung der	100
Erde, neun Schichten der	13
Erdenleben, Erprobung des Wissens in den	94
Erdgeist, Befreiung des	13
Erdgeist, Begegnung mit	13
Erdgeist, in Verbindung treten mit dem	19, 20
Erdgeist, Kraft im Namen des	12
Erdgeist, lebendige Wirklichkeit des, enthüllt in der Einweihung	13
Erdgeist, Wirklichkeit des	12, 14
Erinnerung an frühere Leben, Zweck des Auslöschens der	90

Erkenntnis, Baum der 117
Europa, mystische Atmosphäre von, fördert geistige
   Wahrnehmung 57, 104
Evolution, Aufbau der 26
Evolution, grundlegende Gesetze der 21
Evolution, unaufhörliche Anstrengung in der 65
Ewig-Weibliche, das, Mutter-Aspekt des geoffenbarten LOGOS . 35
Exilier, Farbe von beruhigender Wirkung 121
Exilier, Gegenstück zum Stein der Weisen 121
Exilier, Smaragd, aus dem der Gral gemacht wurde 121
Fafner, Riese, Erbauer von Walhall, der Umgrenzung der Götter . 63
Fafner, später Drache, versinnbildlicht den Geist der Begierde . . 78
Farben, Funktion der 38
Fasolt, Riese, Erbauer von Walhall 63
Faust, arbeitet mit Luzifer-Kräften 32
Faust, Erblindung des 33
Faust, Geschichte der Evolution der Menschheit 3
Faust, Geschichte von, ist ein Mythos 2
Faust, nicht auf ordnungsgemäßem Einweihungswege 14
Faust, Sohn von Kain 32
Faust, Symbol der suchenden Seele 12, 17
Faust, symbolisiert entwickelte Menschheit 6
Faust, Verbindung mit Geistern 19
Faust-Mythe, erzählt Geschichte des Welt-Tempels 36
Fenris, Wolf, die Winde darstellend 70, 98
Feuer, das schöpferische 122
Feuer, Kennzeichen des arischen Zeitalters 97
Form, Funktion der 37
Fortschritt, Notwendigkeit für langsamen 11
Fortschritt, schafft Leiden, wenn gehemmt 108
Frau, Stellung der 102, 103
Freia, die Venus des Nordens 61
Freimaurerei 2, 3
Frost-Riesen, Existenz der Erde 71
Frost-Riesen, symbolisch für Naturkräfte 71
Furcht, ein Hindernis, zur WAHRHEIT zu gelangen 74

Gamuret, der weltliche Mensch	47
Gebet, ein auch vom Streben erfülltes Leben	131
Gedanke, Schwingungskraft des	104
Gedanken, Region der konkreten, offenbart Wahrheit als Schönheit	81
Gedankenwelt, Heimat des Ego	39
Geist, Eintritt oder Austritt durch dieselbe Tür	14
Geist, Ring des, verursacht Begrenzung	60
Geist, ursprünglich unschuldig, aber nicht tugendhaft	8
Geister der Elemente	104
Geistige Entwicklung, Hauptmerkmal	20
Geistiger Leib, Seelenleib, Goldenes Hochzeitskleid	100
Gesang der Sphären	3
Geschlechter, Gleichheit der	103
Geschlechtskraft, Eigenschaft des Lebensleibes	23
Geschlechtskraft, umgewandelt in der Hypophyse	17
Geschlechtswechsel in der arischen Epoche	122
Gesicht, zweites, Vorherrschen des, bei unseren Vorfahren	89
Gestirne, Harmonie der	4
Gimle, die neue Erde	99
Glaube an CHRISTUS, erlösende Macht	32
Glaube, höchstes Erfordernis der Initiation	126
Glaubensbekenntnisse, kirchliche, befriedigen nicht	77
Glaubensbekenntnisse, rauben dem Menschen die geistige Freiheit	76
Glaubensbekenntnisse, werden feststehende Einrichtung	75
Glied, das fehlende, wo zu suchen	28
Glück, Ergebnis des Verdienstes	28
Goethe, als Initiierter	1
Götter, begrenzen sich selbst durch den Ring	60
Götter, bleiben bis zum Ende der Epoche	63
Götter, Hüter der Religion	61, 63
Götter, ständige Evolution der	60
Götterdämmerung, Übereinstimmung mit der Apokalypse	96
Gott, Geist von, beseelt jedes Atom der Materie	9
Gott, keiner wird verloren sein in	65, 66
Gott, Wachstum und Werden von	5

Gottheiten des Wassers	62
Gral, Entsprechung des	122
Gral, reinigendes Blut enthalten in	121
Gral, Suche nach, verursacht inneren Kampf	15
Gral, wird nur durch Sieg über die Leidenschaft gefunden	123
Gralsburg	24
Grane, bedeutet Unterscheidungsvermögen	85, 95
Grane, das Roß Brünnhildes, Träger des Geistes der WAHRHEIT	85
Grundton, jeder Stern hat eigenen	4
Gruppengeist, beeinflußt Tiere durch Gedankenbilder	56
Gruppengeist, wirkt durch die Begierdenkörper der Tiere	56
Gutrune, symbolisiert die Ehren der Welt	96
Harmonie der Sphären	81
Hel, herrscht über die Gleichgültigen	69, 70
Hel, symbolisiert den Tod	70, 98
Herodes, Schloß des und Gralsburg	24
Herzeleide, die Sorge	47
Hexenküche, jeder Strebende muß sie betreten	28
Hierarchien leben, um zu lernen	72
Himmel, Region der konkreten Gedanken	77, 81
Himmelswelten, Harmonie der, verändert sich jeden Augenblick	4
Hiob, Vorkämpfer der Menschheit	2, 4, 6
Hochzeit, mystische, Erfahrung der Seele	130
Hochzeitlich Gewand, soma psychicon, der geistige Leib	100
Hochzeitskleid, Goldenes, unanfechtbar für jegliche Gefahr im Seelenleib durch	129
Hochzeitsgewand, Goldenes, ätherischer Träger, notwendig für neue Rasse	101
Hochzeitsgewand, Goldenes, Aufbau des	101
Höheres Gesetz, ersetzt das niedere, löst es ab	120
Hort der Nibelungen, materielle Errungenschaften des Menschen	95, 96
Hüter der Schwelle	125
Hunding, Geist des Herkömmlichen	72
Hypophyse, Entwicklung von Seelenkraft in der	17

Ideale, eingeätzt in die feineren Körper durch Mythen	2
Imagination, Vorstellungskraft, angeregt durch Luzifer	123
Imagination, weibliche Eigenschaft des Geistes	123
Incubi, böse Besessenheitswesen, männliche Vampir-Wesen	104
Initiation = Einweihung	1
Initiation, entschleiert das Geheimnis der Zusammensetzung der Erde	13
Initiation, offenbart den Erdgeist	13
Jehova, höchster Eingeweihter der Mondperiode	117
Jehova, leitete die Menschheit von außen	18
Jehovah, Urheber der Zeugung	118
Jehovah, war Herrscher über Engel	20
Jesus, der Lebensleib von, Träger für den CHRISTUS-Geist bei Seiner Rückkehr aus dem Innern der Erde	14, 17
Jesus, der Lebensleib von, wird aufbewahrt im Zentrum der Erde	14
Jesus, durch den Lebensleib von, trat CHRISTUS in die Erde ein	14
Kain, Söhne von	26
Kain, Söhne von, zur Staatskunst hingezogen	32
Keuschheit, löst Fesseln	124
Kirche, Herrschaft der, verlangt Verlust der Individualität	76
Kirche, notwendige Folgeerscheinung der Beschränkung des Geistes	65
Kirche, Vertreter der, Söhne Seths	32
Klingsor	42, 49
Komplementärfarbe, Bedeutung in der Empfindungs-Welt	121
Kraft, göttliche, soll selbstlos angewandt werden	78
Krankheit, gehört zum Seelenwachstum	111
Krebs, Folge des Mißbrauchs der Geschlechtskraft in früheren Leben	118
Krebs, Heilungsmöglichkeit, Anmerkung	118
Krieg, angestiftet von Luzifergeistern	29
Kristallisation, verursacht durch Leidenschaft	27
Künste, drei	37
Kundry, das niedere Selbst	53, 125
Kundry, Symbol des physischen Körpers	53

Leben, Baum des = Yggdrasil	70
Leben, inneres — emotional und mental	39
Lebensgeist, das CHRISTUS-Prinzip im Menschen	55
Lebensgeist, entzieht Nahrung der Verstandesseele	55
Lebensgesetz, Beleidigung des	117
Lebensleib, Ätherkörper, beim Tode sichtbar	89
Lebensleib, Ätherkörper, fähig der Levitation	18
Lebensleib, Ätherkörper, Festigkeit des	56
Lebensleib, Ätherkörper, Träger des CHRISTUS bei der Wiederkunft	17, 19
Lebensleib, Ätherkörper, von Jesus	14
Lebensleib, Ätherkörper, Wiederholung, Grundton für den	55
Lebensleib, Extrakte aus dem	23
Lebensleib, Gedächtnis des	56
Lehrer, der wahre, kommt als Antwort auf ernstes Gebet	131
Lehrer, geistige, erheben Menschheit	2, 40
Lehrer, sind die Älteren Brüder	130
Lehrer, Treue zum	131, 132
Lehrer, unbedingter und unbedenklicher Glaube an	131
Lehrer, wird erkannt an seinen Früchten	132
Lehrer, zeigt nur den Weg	16
Leiden, der Weg der Seele zurück zum Ursprung	30
Leiden, Gott gibt Hilfe bei	31
Leidenschaft, die verhärtende Kraft der	27, 124
Leidenschaft, durch Luzifer-Geister erweckt	26
Leidenschaft, erweckte die Individualität des Menschen	26
Leidenschaft, verursacht Krankheit	26
Levitation, Schweben des physischen oder Ätherkörpers im Raum ohne materielle Hilfsmittel	18
Lichtwellen, verwandelt in Klang	3
Liebe, Erhöhung ihrer Standarte	102
Loge (Loki), Beziehung auf Saturn	62
Loge, Geist der Täuschung, der Illusion und der irdischen Flamme	62, 70, 98
Loge in Wagners Oper = Loki in der nordischen Mythologie	62, 70, 98

Loki, symbolisiert das Feuer, die Flamme, in der nordischen
 Mythologie 70, 89
Lunge, symbolisiert durch Arche 100
Luzifer, Edelstein des 123
Luzifer, erfüllte den Menschen mit Ehrgeiz 59
Luzifer, regte Imagination an 123
Luzifer, Mars-Geist 62
Luzifer, wohltätiger Einfluß des 4
Luzifer, wurde von der Geisteshaltung Fausts angezogen 17
Luzifer-Geister, bringen schließlich Gutes durch das Leiden hervor 29
Luzifer-Geister, Eingriff der 26
Luzifer-Geister, entwickeln sich in der Intensität der Gefühle . . 29
Luzifer-Geister, feuern Leidenschaften der niederen Natur an . . 29
Luzifer-Geister, gefallene Engel 27
Luzifer-Geister, haben die Menschheit von der Herrschaft
 der Engel befreit 26
Luzifer-Geister, regen Krieg und Blutvergießen an 29
Luzifer-Geister, selbstsüchtig machender Einfluß der 20
Luzifer-Geister, vom Mars 23
Luzifer-Geister, Vorläufer der Söhne Kains 26
Margarete, die sündigende Seele 31
Margarete, Schützling der Söhne von Seth 27
Materie, Gottes Geist beseelt 9
Materie, Kontrolle über, durch üble Wesenheiten 104
Materielle Welt, Bereich der Form 39
Meer, Verschwinden des 99
Mensch der Vergangenheit, eine vollkommene schöpferische
 Einheit 122
Mensch, früherer, Hermaphrodit 122
Mensch, früheres Bewußtsein des 122
Menschheit, Geistigkeit und Freiheit ist eingeboren 76
Menschheit vor dem Sündenfall 117
Menschheit vor der Sintflut 100
Menschheit, zu Anfang Lenkung durch Engel des Jehova 20
Merkurtag (Mittwoch) 61
Michael, Erzengel, Luzifer kämpft mit 121

Midgard-Schlange, der Ozean 70
Mime, die niedere Natur 78
Mime, symbolisiert Erdengestalt, dichten Körper 77, 79
Mimir, Brunnen, gibt Wissen der Vergangenheit 70, 71
Minnesänger, Einfluß der, auf Ideen und Ideale ihrer Zeit 103
Minnesänger, Erzieher des Mittelalters 102
Minnesänger, viele waren Eingeweihte 112
Mißklang, kontrastbildender Wert des 97, 106
Mitleid, erworben durch Erfahrung 26
Mond-Strahlungen begünstigen Befruchtung 117
Musik, Einführung der Dissonanz in die 4
Musik, Wesen der 40
Mut, notwendig zur Entwicklung der Seele 111
Mythe, ein Mittel zur Aufklärung der kindlichen Menschheit . . 40
Mythe, ein Schrein, der geistige Wahrheiten bewahrt 40
Mythe, sieben Interpretationen möglich 45
Mythe, Symbol, das große kosmische Wahrheit enthält 2
Mythen, geschenkt von großen Lehrern 2
Mythen, verhüllte geistige Wahrheiten 56
Mythen, Wirkungen der, auf menschliche Evolution 56
Mythos, Wesen des 2
Name, richtig ausgesprochen 12
Natur, höhere, Kampf mit der niederen 15
Natur, niedere, gebraucht geistige Macht zu weltlichen Zwecken . 77
Natur, niedere, überredet höhere, nach Besitz zu trachten 79
Natur, weibliche Schöpferkraft 35
Naturgeister, Wirklichkeit der, in der mystischen Atmosphäre
  Europas 57
Naturkräfte = Frost-Riesen 71
Neugierde, Gefahr der 92
Nidhog, der Geist des Neides 70
Niedere Natur, beeinflußt von Mythen 2
Noah, entzündete erstes Feuer 97
Nornen, als Schicksalsgöttinnen, überwachen das Schicksal des
  Geborenen 71
Nornen, wirken durch Gesetz 71

Nostradamus	10
Notung, der Mut der Verzweiflung	69
Opfer, Gesetz des, höher als das Gesetz der Selbsterhaltung	78
Orlog, höchstes Weltengebot, Ur-Gesetz	71
Paracelsus, erwähnt Besessenheitswesen	104
Parsifal, die Seele, die nach dem höheren Leben sucht	47
Parsifal, Speer des	64
Pentagramm	18
Pioniere, Not der	66
Planeten, Bewegungen der	58
Planeten, enge Verbindung der Erde mit	23
Planeten-Geister	3
Prüfung der Seele auf Bewährung	81
Pythagoras, erwähnte Gesang der Sphären	3
Recht, Kriterium des, festgelegt durch Evolution	95
Regenbogen, Bedeutung des	97, 98
Regenbogen, bleibt bestehen bis zum Ende dieser Ära	62, 63
Regenbogen, erstmalig am Himmel erschienen im Zeitalter der Arier	62
Regenbogenbrücke, Bifrost	62
Regenbogenbrücke, Widerspiegelung himmlischen Feuers	97
Reinkarnation = Wiederverkörperung	88
Religion, befreite Ego von Täuschung, Illusion und Irrtum	61
Religion, Hüter der, schworen der Liebe ab	66
Religion, Verfall der, durch Dogma	64
Religion, verliert an geistiger Kraft durch Gewinn an weltlicher Macht	64
Religion, vollkommene, ist unmöglich, der Menschheit offenzulegen	63
Religion, zeigt Weg zur Wahrheit und ewigem Leben	61
Religionen, alle durchtränkt vom Geist der Liebe	73
Religionen, verschiedene, bilden Stufen in der Evolution der Menschen	63
Rheingold, Abbild des Universal-Geistes	58, 84
Rheintöchter, primitive Menschheit	58

Riesen, Erbauer des Walls, der Begrenzung 63
Riesen, Symbol für Naturkräfte 62
Ring des Nibelungen, bedeutet Egoismus 84
Ring, Symbol der Begrenzung 61
Ring, Symbol der Unendlichkeit des Geistes 61
Ring, symbolisiert das Ego 61
Ritterschaft, Pflichten der 111
Rittertum, in der arischen Epoche 96
Rittertum, Stand der geistig Strebenden auf dem Pfad 111
Rosenkreuz, Brüder vom, erziehen zur Selbständigkeit 16
Rosenkreuzer-Orden, Aufgabe des 101
Runen, am Speer von Wotan 80
Salomo, Sohn von Seth, Inkarnation von Jesus 32
Satanas, einer der Söhne Gottes 4
Schicksalsgöttinnen, drei = Nornen 70
Schlange, Symbol der Wiederverkörperung 42
Schüler, versucht, Böses aus vergangenen Leben wieder
    gutzumachen, aufzulösen 121
Schwan, Abzeichen der Gralsritter 129
Schwan, Symbol des Eingeweihten 128, 129
Schwanenlied, im Gesang des, Gelübde der Initiation 130
Schwarze Magie, Symbol der 18
Schwarzmagier, betreten und verlassen den Körper
    am unteren Ende 18
Schwarzmagier, nähren sich vom Blut anderer 24
Schwarzmagier, saugt die Geschlechtskraft anderer auf bzw.
    ernährt sich vampirgleich von ihr 24
Seele, bisexuell 114
Seele, freie Wahl der 7
Seelengemeinschaft, Erhebung der Liebe aus Geschlechtlichkeit
    zur 124
Seelenkraft und -wachstum, durch gute Taten 16, 17, 22, 24
Seelenleib, Entwicklung des 129
Seelenleib, geistiger Leib, hochzeitliches Gewand, Goldenes
    Hochzeitskleid 100
Selbstheit, beschützende Macht der 28

Selbstlosigkeit, Notwendigkeit der, für geistige Macht 53
Selbstsicherheit, notwendig für Strebenden 16
Selbstsucht, verdrängte die Brüderlichkeit 27
Seth, die Priesterschaft 27
Seth, Söhne von, ‚negativer' Charakter 30
Seth, Söhne von, Margarete 27, 30
Siegfried, stellt das höhere Selbst dar 77
Siegfried, WAHRHEITS-Sucher 68
Sieglinde, zu schwach, sich vom Herkömmlichen loszusagen . . 68
Skuld, eine der Nornen 71
Sohn, verlorener 31
Sorge, erzieherische Wirkung der 119
Speer, des Parsifal symbolisiert geistige Macht der Religion . . . 64
Speer, des Wotan, enthält magische Zeichen 64
Speer, symbolisiert geistige Macht, selbstlos angewandt 52
Stein der Weisen, Symbol der Befreiung 124
Stein der Weisen, symbolisiert reine Liebe 122
Sterne, haben individuellen Grundton 4
Streben, keine Macht der Welt kann Einhalt gebieten 80
Strebender, verwandelt Leidenschaft im Blut 24
Succubi, böse Besessenheitswesen, weibliche Vampir-Wesen . . . 104
Sünde, die unverzeihliche 117
Sünde, Vervollkommnung durch begangene und gebüßte 119
Sünden, Vergebung der 120
Tannhäuser, stellt Seele auf einer bestimmten Stufe der
    Entwicklung dar 104
Tarnkappe, Symbol hypnotischer Kraft 95
Tempelbauer, Mensch ist ein 22
Thor, Jupiter der nordischen Mythologie 62
Tod, der biologische, war unbekannt vor der konkreten Existenz
    des Menschen 98
Tod, Wehklagen bei, verursacht Kummer für den Verstorbenen . 89
Töten, in Vertretung 46
Ton, Wesen des 37
Tugend, entwickelt durch Leiden 8
Tugend, verschieden von Unschuld 49

Unbefleckte Empfängnis 124
Universal-Geist, das Rheingold 58
Unsichtbare Helfer 129
Unsichtbare Helfer, Betreten und Verlassen ihres Körpers 17
Unsterblichkeit, erlangt in Regeneration durch Zeugungskraft . . 124
Unterscheidung, Erfordernis beim Gebrauch geistiger Kräfte . . . 92
Unverwundbarkeit, Rüstung, von der Paulus spricht 82
Urd, Norne, spinnt den Faden des Schicksals 71
Urd, Quelle der Lebenserneuerung 70
Urtypen, Gleichnis der 35
Vater, Makrokosmos, der 20
Vater, Religion des 14
Venus in ‚Tannhäuser', ätherisches Wesen 104
Venus, personifiziert niedere Kräfte 106
Venusberg 104, 105
Verbindung, einmalige, mit geistigen Welten 20
Verdande, Norne, schneidet den Faden der bezahlten Schuld
   des Schicksals ab 71
Vergangene Leben, Stolz auf 92
Vergangene Leben, wohltuendes Vergessen 90
Versuchung, Entwicklung der moralischen Fähigkeiten durch . . 7
Versuchung, nötig, um aus Reinheit durch Bewußtmachung
   Tugend zu entwickeln 8, 49
Versuchung, Prüfstein der Festigkeit im Geiste 94
Versuchung, Standhaftigkeit gegen 32
Versuchung, Sünde in Nachgiebigkeit gegen 118
Vogel, Symbol geistigen Einflusses 45
Vorstellungskraft = Imagination 123
Wachsamkeit, ein unbedingtes Erfordernis 83
Wälsungen, Kinder des Wunsches nach freiem Willen 67
Wälsungen, Kinder von Wotan 67
Wälsungen, Pioniere 67
Wälsungen, WAHRHEITS-Sucher 68
Wahlstatt, Kampfplatz der Schlachten für WAHRHEIT 67
WAHRHEIT, die Braut dessen, der sie findet 85

WAHRHEIT, erreicht durch Sieg über Schranken des
Herkömmlichen 73, 74
WAHRHEIT, existiert in der Region der konkreten Gedanken .. 81
WAHRHEIT, Gegensatz der Welt zur 82
WAHRHEIT, hält sich im Kampf auf der Seite des
WAHRHEITS-Suchers 72
WAHRHEIT, kennt keine Grenzen 63
WAHRHEIT, muß heruntergebracht werden in den Bezirk
physischer Formen 81
WAHRHEIT, Welt nicht bereit zum Empfang 81
Walhall 63, 73
Walküren, symbolisieren Tugenden 68
Wasser, Gottheiten des 62
Wechsel des Geschlechts in der arischen Epoche 122
Weisheit, errungen nur durch richtiges Handeln 28
Weißer Stein, der Stein der Weisen 122, 124
Welt-Seele, Attribute der, Bildhauerei, Malerei, Musik 37
Welt-Tempel, zwei Klassen der Menschheit erbauen 37
Wiederholung, Eigenschaft des Lebensleibes 55
Wiederkehr des CHRISTUS-Geistes im Lebensleib
von Jesus 19
Wiederverkörperung, abwechselnd in beiden Geschlechtern . 103, 113
Wiederverkörperung, gelehrt in skandinavischer Mythologie ... 88
Wille, die männliche Eigenschaft der Seele 122
Wissen, höheres 11
Wissen, Nährboden für das 23
Wissen, Verantwortung nimmt zu mit 93
Wolfram, Menschheit wird 112
Wolfram, Vertreter der geistigen Liebe 113
Wotan, Anführer der Hierarchien 72
Wotan, beruft nur die Tapferen nach Walhall 64
Wotan, Gott der Weisheit 72
Wotan, Gott des Zeitalters der Luft 99
Wotan, identisch mit Merkur 61
Wotan, Speer des, die Macht des Glaubensbekenntnisses 73
Wotan, Wächter des Bekenntnisses 79

Wotanstag (Mittwoch) 61
Yggdrasil, Baum des Lebens 45, 70
Yggdrasil, Weltesche 45
Yggdrasil, lebt durch Liebe 70
Zeitalter des Regenbogens, arische Epoche 122
Zeugungskraft zur Regeneration verwandt, verleiht
   Unsterblichkeit 125
Ziel, Erreichung des, durch mühsames Ringen 16
Zivilisation, folgt dem Lauf der Sonne 57

*Schriftenverzeichnis
der*
Rosenkreuzer-Gemeinschaft e.V.

I. Max Heindel

DIE WELTANSCHAUUNG DER ROSENKREUZER · Das esoterische Christentum des neuen Zeitalters
Eine elementare Abhandlung über die vergangene Entwicklung, die gegenwärtige Seinsordnung und die zukünftige Entwicklung der Welt und des Menschen, wie sie vom Rosenkreuzer-Orden als Standardwerk zur Veröffentlichung freigegeben wurde. — Mit zahlreichen Diagrammen und 70seitigem Index zur Erleichterung des Studiums. (612 Seiten)
ISBN 3-88956-001-6　　　　　　　　　　　　　　　　　　　　　　Leinen
ISBN 3-88956-101-2　　　　　　　　　　　　　　　　　　　　Taschenbuch

ROSENKREUZER-PHILOSOPHIE IN FRAGE UND ANTWORT, BAND 1
In diesem Buch werden 189 Fragen aus den verschiedenen Lebensgebieten auf Grund der okkulten Forschung des Autors beantwortet. — Ein ausführlicher Index erleichtert das Auffinden der Sachgebiete. (358 Seiten)
ISBN 3-88956-103-9

ROSENKREUZER-PHILOSOPHIE IN FRAGE UND ANTWORT, BAND 2
Dieser Band gibt auf 165 Fragen informative Antworten über tieferliegende Gebiete: Geistige Schau, Einweihung, Wiedergeburt, Gesundheit und Heilung, die unsichtbaren Welten und das Leben nach dem Tode. — Diagramme und ein ausführlicher Index machen das Buch zu einer wertvollen Fundgrube für den geistig interessierten Menschen. (400 Seiten)
ISBN 3-88956-104-7

DAS ROSENKREUZERISCHE CHRISTENTUM
Ein grundlegendes Einführungswerk in die esoterisch-gnostischen Tiefen des Christentums, die Mysterien von Geburt und Tod und das Leben in den unsichtbaren Welten. — Mit ausführlichem Index und erläuternden Diagrammen. (444 Seiten)
ISBN 3-88956-002-4

ROSENKREUZER-MYSTERIEN
Ein Überblick über den Zweck des Lebens und die Konstitution des Menschen im Lichte der Geheimlehren der Rosenkreuzer, mit einer Gegenüberstellung der drei Theorien Theologie, Materialismus und Wiedergeburtslehre. (140 Seiten)
ISBN 3-88956-105-5

DIE MYSTERIEN DER GROSSEN OPERN
Die wahre Natur der Musik und ihre Beziehung zum menschlichen Geist erläutert der Autor in diesem Buch, ebenso den tiefen esoterischen Kern der Mythen und Legenden, wie er in den Opernwerken Parsifal, Tannhäuser, Lohengrin, Der Ring des Nibelungen und der Faustdichtung zugrunde liegt. Mit ausführlichem Index. (150 Seiten)
ISBN 3-88956-111-X

OKKULTE PRINZIPIEN DER GESUNDHEIT UND HEILUNG
Ein ganz hervorragendes Buch, das den Weg zu dauernder Gesundheit durch Befolgen okkulter Prinzipien zeigt. „Krankheit ist die Wirkung von Unwissenheit — Heilung ist angewandtes Wissen". Mit ausführlichem Index der Krankheiten. (246 Seiten)
ISBN 3-88956-134-9

DAS GEWEBE DES SCHICKSALS
Die Ausführungen sind das Ergebnis der persönlichen okkulten Forschungen des Autors, durch die er die geheimen Gesetze ergründete, welche die treibenden Kräfte im menschlichen Leben sind. — Mit ausführlichem Index. (126 Seiten)
ISBN 3-88956-009-1

BRIEFE AN STUDENTEN
Der warme sympathische Geist, der aus den Briefen spricht, macht das Buch zu einem wertvollen Helfer auf dem Wege geistigen Fortschrittes. (212 Seiten)
ISBN 3-88956-007-5

LEHREN EINES EINGEWEIHTEN
Der Autor gibt in diesem Buch viele geistige Aufschlüsse über das kommende Zeitalter und die geistigen Kräfte, die der Mensch bis dahin entwickelt haben wird. — Mit ausführlichem Index. (212 Seiten)
ISBN 3-88956-013-X

NACHLESE EINES MYSTIKERS
In einer Serie von Abhandlungen des Autors werden praktische Mystik, die Bedeutung der Sakramente und Dogmen, wie die unbefleckte Empfängnis, Ostern und der wiederkommende Christus, dem Verständnis des Schülers erschlossen. Ein umfangreicher Index erleichtert das Studium der verborgenen Wahrheiten. (200 Seiten)
ISBN 3-88956-010-5

ALTE UND NEUE EINWEIHUNG
Die Einweihung in den alten atlantischen Mysterienschulen und die christlich-mystische Einweihung in unserer heutigen Zeit bilden den Hintergrund dieses Buches, in dem außerdem wertvolle Hinweise über den Vorgang der Transfiguration des Menschen gegeben werden. Ein umfangreicher Index macht es zu einem unentbehrlichen Nachschlagewerk des suchenden Menschen. (140 Seiten)
ISBN 3-88956-006-7

FREIMAUREREI UND KATHOLIZISMUS
In der heutigen Zeit geistiger Auseinandersetzungen gibt dieses Buch wertvolle Aufschlüsse über die kosmischen Wurzeln dieser beiden Institutionen — Freimaurerei und Katholizismus oder, okkult ausgedrückt, den Söhnen des Feuers und des Wassers. Besonders wertvoll für jene, die nach tieferem Wissen suchen. Mit ausführlichem Index. (108 Seiten)
ISBN 3-88956-008-3

DIE MYSTISCHE AUSLEGUNG VON WEIHNACHTEN
Weihnachten, die jährliche Geburt des kosmischen Christusimpulses in unsere Erde und dessen Wirksamkeit in der Befruchtung des geistigen und physischen Lebens. (44 Seiten)
ISBN 3-88956-012-1

DIE MYSTISCHE AUSLEGUNG VON OSTERN
Ostern, ein Ereignis von okkult-mystischer Bedeutung, das die jährliche Befruchtung der Erde durch den kosmischen Christus beendet. (60 Seiten)
ISBN 3-88956-016-4

NATURGEISTER UND NATURKRÄFTE
Eine Sammlung wertvoller esoterischer Informationen über diese unsichtbaren Kräfte. (44 Seiten)
ISBN 3-88956-120-9

URTYPEN
sind die Kraftquellen der verschiedenen Körper und deren Kräfte. Ihr Aufbau als Ergebnis seelischen Wachstums. (33 Seiten)
ISBN 3-88956-119-5

II. Max Heindel und Augusta Foss-Heindel

VEREINFACHTE WISSENSCHAFTLICHE ASTROLOGIE
Das Lehrbuch zur Berechnung des Horoskops. Ein esoterisches Astrologie-Lexikon und eine Tabelle der Planetenstunden sind als Anhang beigefügt. (174 Seiten)
ISBN 3-88956-131-4

DIE BOTSCHAFT DER STERNE mit einem Anhang „MEDIZINISCHE ASTROLOGIE"
Hier werden fundamentale astrologische Interpretationen in einer klaren, leichtverständlichen Sprache gegeben. Die Einordnung der Astrologie in die kosmischen Zusammenhänge ist einmalig. 36 Horoskopbeispiele der verschiedenen Erkrankungen sind einer eingehenden Besprechung unterzogen. (418 Seiten)
ISBN 3-88956-132-2

ASTRODIAGNOSE — Ein Führer zur Heilung
Ein umfassendes Buch dieser Art, mit kapitelweiser Körperorganbesprechung und Instruktion im Lesen des Geburtshoroskopes, mit Angaben der natürlichen Behandlungsmethoden. Von besonderem Wert für Menschen, die sich mit Heilung und Krankenpflege befassen, aber auch für die gesamte Gesundheitslehre. Über 100 Geburtsbilder werden diagnostisch besprochen und durch die Fingernageldiagnose vervollständigt. Ein zwölfseitiger Index erleichtert das Studium. (320 Seiten)
ISBN 3-88956-133-0

III. Andere Autoren

DAS GEHEIMNIS DER DRÜSEN
Eine ausgezeichnete Darstellung über die Wirkungsweise der verschiedenen Drüsen des physischen Körpers und ihre Wechselbeziehung zu den anderen Trägern des Egos. In guter Gliederung wird auf die Persönlichkeitsbildung der verschiedenen Drüsentypen eingegangen. Das Buch wurde aus dem Wissen Max Heindels von einem seiner Studenten geschrieben. Es wird allen Freunden als unerläßlicher Wegweiser zum Studium der Rosenkreuzerlehren empfohlen. (92 Seiten)
ISBN 3-88956-287-6

DER SONNENZYKLUS DES JAHRES
Robert Trafford
Eine unschätzbare Lebenshilfe durch die zwölf Monate des Jahres sowie hervorragende monatliche Meditationsthemen. Eine empfehlenswerte Schrift! (84 Seiten)
ISBN 3-88956-201-9

URSPRUNG UND ENTSTEHUNG DER ROSENKREUZER-GEMEINSCHAFT
Ein kurzer Überblick über die Geschichte seit der Gründung im Jahre 1909. Mit einem Vorwort über das Rosenkreuzertum im allgemeinen. (38 Seiten)

ERDGEBUNDEN
Augusta Foss-Heindel
Was sind erdgebundene Geister, und wie können sie auf die Menschen einwirken? (24 Seiten)
ISBN 3-88956-160-8

ERNÄHRUNG UND LEISTUNG
Hella Gerhardt
Ein Ratgeber für die Umstellung der Ernährung von der „Normalkost" auf Vegetarismus. (48 Seiten)
ISBN 3-88956-203-5

Die Bestrebungen der Rosenkreuzer-Gemeinschaft lassen sich in dem Motto zusammenfassen:

Ein urteilsfähiger Intellekt,
Ein fühlendes Herz,
Ein gesunder Körper.

Wenn Sie mehr über die Arbeit und Ziele der Rosenkreuzer-Gemeinschaft wissen wollen, wenden Sie sich bitte an die

Rosenkreuzer-Gemeinschaft e. V. (The Rosicrucian Fellowship)
— gegründet von Max Heindel —
Deutsche Zentralstelle — Postfach 11 09 41, D-6100 Darmstadt 11
Postgirokonto Frankfurt am Main 709 71-601

Die angeführten Bücher können Sie von uns direkt beziehen.

Verlangen Sie bitte unsere Preisliste.